华罗庚经济优化新理论与实证

New Theory of Loo-Keng Hua's Economic Optimization and Demonstrational Examples

陈木法 （江苏师范大学 北京师范大学）
谢颖超 陈彬 周勤 杨婷 （江苏师范大学）
著

北京师范大学出版集团
BEIJING NORMAL UNIVERSITY PUBLISHING GROUP
北京师范大学出版社

作者合影　从左至右：杨婷、谢颖超、陈木法、陈彬、周勤

目　录

前　言

近些年来, 数学已进入诸多应用领域的第一线, 如气象预报、3D 打印、微创、无人机、定点炸弹、机器人及正在蓬勃发展的人工智能等, 引发了多领域的深度变革. 回想 30 年前, 能准确预报明日的天气就很了不起了; 现在预报一周、15 天或更多天的天气已习以为常. 想想当年所有的手术对于每个患者都是天大的事, 如今的微创手术简直太普及了. 微创的引导者就是快速的图像识别, 即高效算法. 种牙的牙模可用 3D 打印轻易得到. 看看近两年来的俄乌冲突, 以数学为基础的信息战, 利用无人机进行的定点清除等, 显示了极大威力, 真是难以想象. 相比上述各个复杂系统而言, 经济运行离智能化还有相当距离, 此乃本书的经济新理论的主要目标.

经济乃民之本、国之本. 不论在世界的哪个角落, 经济都是支柱. 它不仅关乎我们每个人的日常生活和命运, 也极大地影响着国家的国际地位和未来. 当然, 经济也是一门庞大、复杂的学问, 这里我们所关心的只是其一个侧面, 即经济所蕴含的数学内核. 这源于马克思的著名论断"一种科学只有在成功地运用数学时, 才算达到了真正完善的地步". 书中所提供的实证, 足以展示经济系统的敏感性, 说明微观经济学乃精密科学, 以数学为工具的深度分析不可或缺. 特别地, 我们论证了经济的发展应以平衡为中心, 破坏了平衡, 必定要付出巨大代价. 所以, 我们需要切实学习经济, 敬畏并忠实于科学.

著名数学家华罗庚先生是我国数学 (数字) 经济研究的先驱. 他曾为提升我国的国家建设和经济水平, 花费 27 年心血 (从 1958 年开始) 从事应用数学研究, 并将他的研究成果概括为"一论、双法"."双法"指华先生在国内推广普及的"统筹法"和"优选法";"一论"即是经济优化理论. 特别地, 他从 1982 年开始重新回归此研究专题, 直至仙逝前 (1985 年 6 月), 付出了极为艰辛的努力, 发表了一本研究专著 [23] 及一批文章, 详见 [2] 所列文献. 华罗庚经济优化理论的出发点是早已在国际上通行的"投入产出法". 因为当年我国实行以"计划经济"为主的政策, 所以这批文章集中着眼于当年急需的"计划经济".

然而, 华先生早已指出: 他的理论模型完全适用于“市场经济”, 只需做个简单变换即可. 他当然严格区分价值与价格, 前者为内在属性, 后者有很多不确定因素, 未必靠得住. 其实作为联合国提倡的分析国民经济最主要工具的“投入产出法”, 当然更多地被应用于以“市场经济”为主的国家. 对于这些国家, 也有“基础建设”“国防费用”“教育、行政”“尖端技术”等每年都需要议会审批的大计划. 我国则有“五年计划”. 即使对于一个小公司, 也需要一点小计划. 所以问题并不在于“计划”或“市场”, 而在于寻找一个合理高效的平衡解. 众所周知, 每一个系统都需要某种平衡. 例如, 生态学, 其核心是物种共存, 不同物种之间需要一种平衡. 又如, 人口学, 老中少之间, 男女之间都需要某种平衡. 任何系统, 只要平衡遭到破坏, 那就需要付出巨大代价才可能回到老平衡或建立新平衡. 华先生关于经济优化理论的根本性贡献在于: 从数学上给出了经济平衡的唯一解, 失去平衡时间的估计以及各种调整方案. 特别珍贵的是华先生在他仙逝前不久为后来者留下了这个理论的一个新的突破口 (见 [23; 第三章, §1 末段]). 可惜此想法沉睡了 37 年才被唤醒 (见 [2; 定理 7 及 §7 (2)]). 由此出发, 我们开启了这个优化理论发展的新征程.

本书的第一章通俗地介绍新理论的主要成果. 如该章四节的标题所示, 介绍关于经济的若干基本课题, 我们能做什么、做了什么. 也许不易想象, 对于这些问题的相对简单的解答, 我们竟然经历了漫长的 34 年 (参见 [2, 3] 及所列文献).

区别于已有经济理论的主要标志在于: 这个理论是定量的、可计算的、可程序化的. 为使读者能够有所体验, 我们在第三章以一个代表性模型为例, 给出详细的算法和分析. 期盼对矩阵初等性质有所了解的读者, 能够使用普通台式计算机或笔记本电脑亲自做些测试. 对于矩阵缺乏了解的读者, 可先学习第二章.

可将第一、三章及第二章的一部分视为本书的一个普及版.

为证明这个新理论的可靠性和可行性, 我们在第四、五章提供一批典型案例的实证分析. 第四章是稍近些的 2007, 2012, 2017 年三个年度, 跨越 15 年的分析. 第五章是稍早些的 1992, 1997, 2002 年三个年度, 也是跨越 15 年的分析. 作为第五章的附录, 提供了爱尔兰和英国的两个早年模型的分析.

本书的理论部分汇集于第三部分, 共由六章构成. 如常, 学习理论需要耐心, 不急不躁、步步为营. 也许, 先看看主页

http://math0.bnu.edu.cn/~chenmf/

上的视频, 再阅读书中的各章, 多少会有所帮助. 概括地讲, 本书在华先生工作的基础上, 经过必要的修正与更新, 完成了经济优化新模型; 进一步将经济模型的优化理论的研究转化为随机数学的研究; 找到了转移概率矩阵等基本不变量. 取得了四大进展: 一是给出了经济系统产品的等级排序与分类方法; 二是提供了较为完整的高效算法, 大大提高计算精度; 三是给出了不同经济增速下产综与消费之间的预测与调控模型; 四是在保证经济系统稳定性的前提下, 实现了经济结构优化的设计与调试. 同时, 已经成功地应用于我国 7 份国家级 (时间跨度 30 年)、1 份省级、2 份国外的投入产出表, 验证了上述成果不仅在理论上可靠, 而且在实践中切实可行.

书中的材料大多取自 [2, 3, 30], 但有一部分是在本书中首次发表的. 例如 §2.3 中的算符及性质, 商综及其在稳定性测试中的应用, 第五章诸模型的测试和分析, 第十章优化理论和转换定理的扩充, 第十一章关于特征向量抹平算法的循环用法, 等等. 本书也是计划出版的另一本华先生的专著《计划经济大范围最优化数学理论 (新版)》[23] 的姊妹篇.

2022 年国务院发布的《关于开展第五次全国经济普查的通知》指出: 第五次全国经济普查是一项重大国情国力调查, 将首次统筹开展投入产出调查. 同时给出了四年规划: 2023 年准备, 2024 年组织实施, 2025—2026 年资料开发应用. 自然期盼此书能对这项工作有所帮助.

致谢: 本书获国家自然科学基金 (项目号: 12090010, 12090011, 11931004, 11671178)、国家重点研发计划 (项目号: 2020YFA0712900)、教育部“双一流”建设学科和江苏高校优势学科建设工程的资助. 感谢北京师范大学[1]数学科学学院许孝精教授精心组织安排出版事宜, 随机数学研究团队老师们长期的支持和帮助; 感谢北京师大出版集团吕建生董事长, 期刊社社长姜钰, 编辑范林、马力敏等同志对本书出版所做的工作.

2023 年 12 月 25 日

[1] 为简洁起见, 依惯例, 将“师范大学”简称为“师大”.

记号与排版系统

记号

本书常用两种引用记号. 一是 [1], [1, 2] 等, [1] 表示书末的参考文献 [1], [1, 2] 表示书末的参考文献 [1] 和参考文献 [2]; 二是 [1; xyz] 表示参考文献 [1] 中的内容 xyz.

书中的公式使用小括号的形式在每一章独立排序, 如 (1.#) 表示第一章的第 # 个公式. 书中的命题类(引理、定理、命题、例、注等), 在每一章也独立地使用无括号双码统一标签. 如 1.# 表示第一章的第 # 个命题. 类似地, 每一章的表独立地使用无括号双码统一标签. 如 1.# 表示第一章的编号为 # 的表. 图的标签与表的表示方法完全一样.

排版系统

本书使用 TeX 排版系统. TeX 是由著名计算机科学家 Donald E. Knuth (唐纳德・克努特) 花费整整十年心血创建的并无偿奉献给社会的排版系统, 是 Knuth 创造的最响亮的、影响最大的成果. TeX 是一场出版界的革命, 已有几十年历史, 且汇集多种语系, 直到现在仍是全球学术排版的不二规范. 相较于传统的中文排版软件, TeX 的排版算法经过精心设计, 在处理复杂的数学公式、图表、引用等方面表现出色, 能够确保文字、段落、页面等元素之间的间距、对齐和整体美感达到最优, 从而满足各种复杂的排版要求. 特别地, 为避免浪费空间, 书中的每一命题 (包括证明) 及每一小节的第一段, 左方都不留空格. 它所排出的美感, 让人们由衷感叹: 啊, 一毫米都不能再挪动了. 如实地说, 与 TeX 系统相比, 在科学性、严谨性、灵活性、包容性诸方面, 目前国内的出版系统依然有相当的差距, 有待提高.

(参见百度的“唐纳德・克努特”词条, 或“TeX 之父”, 或“TEX 和 METAFONT 的发明者”词条, 或
https://blog.csdn.net/china1000/article/details/5622145. 2024 年 9 月 18 日核证.)

第一部分　通俗概览

为了让大家尽快了解本书的新成果并尽早应用于实践, 这一部分, 我们仅用一章的简短篇幅, 粗略地介绍书中所研究的几个代表性论题.

第一章　成果概述

在这一章中, 我们以简单例证为主, 使用通俗语言, 介绍本书的主要研究主题. 更多的案例、具体算法及理论细节都放到后两部分处理.

§1.1　经济的平衡解与稳定性测试

本节我们使用 Mathematica 软件, 从华先生常用的最简单模型开始. 考虑“农业”和“制造业”两种产品[2]. 称二元组 (农业, 制造业) 为*产综*. 自此以后, 在分析投入产出表 (如表 1.1[3]) 时, 只看右下方的数据, 与表头无关. 表 1.1 的第 1 行说的是: 生产 1 个单位的农业产品, 分别需要消耗 0.25 个单位的农业产品和 0.14 个单位的制造业产品. 同样地, 可写出第 2 行的含义: 生产 1 个单位的制造业产品, 分别需要消耗 0.4 个单位的农业产品和 0.12 个单位的制造业产品. 众所周知, 近年来有一个热门研究方向: 数据科学. 其核心课题之一是数据挖掘. 现在, 对于给定的上述投入产出表 (小数据), 我们能够得到什么?

表 1.1　两产品的投入产出表

消耗量＼消耗 输出	农业	制造业
农业	0.25	0.14
制造业	0.4	0.12

华先生的第一个贡献是指出投入产出表有唯一一个 (不计一个正常数因子) *平衡解*或*稳定解*, 它可从表 1.1 算出:

$$(\text{农业},\ \text{制造业}) = \left(\frac{5}{7}(\sqrt{2409}+13),\ 20\right) \doteq (44.34397483,\ 20).$$

[2]在实践中, 这里的“产品”可以是若干实际产品合并而成的“部门”, 所以有时也称为“部门”或“产品部门”. 产品的量词可能是“类”“种”“个”等. 若不至于混淆, 往后常略去量词不写. 例如, 仅写 2000 年 17 产品等.

[3]为了表达表格中函数与双变量之间的关系, 本书中部分表格采用双斜线表头设计.

他证明了如果选用此产综作为投入, 则此经济系统: 第 n 年的产出 = 最佳发展速度的 n 次方乘初投入. 华先生的特别精彩的结论是: 如果不用它作为投入, 那么经济在运行过程中必定在某一年会出现零或不同符号的产品, 俗称破产或崩溃. 如果崩溃时间非常长, 就不必太认真. 但遗憾的是: 经济系统极为敏感. 请看前面的例子. 取投入产综为 (44.344, 20) (它是上一式子理论解的小数点后 3 位近似). 此时崩溃时间为第 8 年, 也许, 作为 5 年计划还勉强可用. 表 1.2 给出了前 8 年两产品产综的输出.

表 1.2　使用表 1.1 的运行情况[4]

第 n 年	1	2	3
产综	(103.028, 46.4677)	(239.375, 107.96)	(556.111, 250.868)
第 n 年	4	5	6
产综	(1292.85, 582.247)	(2990.66, 1362.96)	(7165.52, 2998.2)
第 n 年	7	8	
产综	(13054.5, 9754.73)	(89821.2, −23501.9)	

在继续深入之前, 我们介绍近年来逐步成熟起来的转移概率技术. 一般地讲, 由表 1.1 可导出表 1.3 (这里省略导出规则), 表 1.3 也可被视为一种投入产出表. 只是表 1.3 很特别, 因为它的每一行的和总等于 1. 这导出表 1.3 的另一种解释: 将两种产品视为晴、雨天, 得出表 1.3'.

表 1.3　两产品的转移概率表

消耗量 \ 消耗 / 输出	农业	制造业
农业	0.580844	0.419156
制造业	0.721195	0.278805

[4]因本表是一拆为三, 所以保留中间的双横线, 以下同.

表 1.3' 晴、雨天的转移概率表

概率＼天气 天气	晴天	雨天
晴天	0.580844	0.419156
雨天	0.721195	0.278805

表 1.3' 的第 1 行表示: 若今天是晴天, 则明天为晴天、雨天的概率分别为 0.580844, 0.419156. 类似地, 若今天为雨天, 则明天为晴天、雨天的概率分别为 0.721195, 0.278805. 这是表 1.3 称为*转移概率表*的原因. 也许, 从这里已经可以看出表 1.1 和表 1.3 有很大差别. 事实上, 从数学角度看, 华先生的结果是基于基础数学的矩阵论, 而转移概率源于随机数学的马尔可夫链 (简称马氏链). 两者乃是相距很远的数学领域, 很难想象它们是"亲兄弟". 本书将逐步揭示转移概率表对于经济优化研究的关键作用. 事实上, 这正是本书的理论区别于已有理论的主要标志.

为说明表 1.3 的优点, 先由表 1.2 的输入 (44.344, 20) 导出表 1.4 的输入 (34.41181135, 20), 得出

表 1.4 使用表 1.3 的运行情况

第 n 年	1	2	3
产综	(34.4118, 20.0001)	(34.4122, 19.9996)	(34.4092, 20.0026)
第 n 年	4	5	6
产综	(34.4303, 19.9815)	(34.28, 20.1318)	(35.351, 19.0608)
第 n 年	7	8	
产综	(27.7201, 26.6917)	(82.0905, −27.6787)	

我们看到: 表 1.2 和表 1.4 的崩溃年度都是第 8 年, 崩溃的产品都是第 2 个. 此时, 我们称两者有*完全相同的稳定性* (在此处所发现的这一基本性质, 后来成为本书的核心成果之一. 参见本书的定理 7.3、定理 10.7 及推论 10.8). 容易看出, 表 1.2 的产综增长很快, 而表 1.4 则增长平缓. 特别地, 第 8 年输出农业产品数值之比 $89821.2/82.0905 \approx 1094$. 可以

想象, 当产品的数值很大或者迭代次数很多时, 前者的计算可能因溢出而失效. 因此, 在以后的稳定性测试中, 我们常用表 1.3 而不用表 1.1.

我们着重指出: 经济系统的稳定性, 其核心是保持平衡. 依照华先生的基本结论, 乃是保持各产品之间的比例. 这正是人们常说的经济应当**"科学地、按比例发展"**. 对于目前的例子, 仅有两种产品, 所以比例仅有一个. 仅考虑比例, 参数减少一个. 图 1.1 比表 1.2 和表 1.4 要简明得多. 它表明, 一旦比例失调, 很快就会崩溃. 前 5 步平稳, 第 6 步上升一点, 导致第 7 步下降很多, 然后第 8 步崩溃. 从左边看, 上、下方 (红、蓝) 曲线分别表示表 1.2 和表 1.4 中两产品的比例. 再次看出比例的振幅表 1.1 比表 1.3 大. 由图 1.1 可以看出, 比起数据输出的表 1.2 和表 1.4, 使用比例描述系统的发展要简明并直接得多. 详言之, 表 1.2 的输入产综为 (44.344, 20), 这里包含两种产品的数量, 分别是 44.344 和 20. 但在实际应用中, 将这两个数分别换成它们的倍数, 如 $(44.344\times p,\ 20\times p)$ $(p>0)$, 都是合理的. 因为小团队的投入跟大集体的投入绝不可能一样, 此处的 p 称为自由参数. 然而这**两种产品的比例 $44.344/20=2.2172$ 只是一个固定的常数, 不能直接作为输入产综. 实践中应先选好可行的投入数量, 比如说第二种产品的投入数量为 50, 然后乘上述比例: $2.2172\times 50=110.86$, 以此为第一种产品的投入数量. 于是得出投入产综为 (110.86, 50)**.

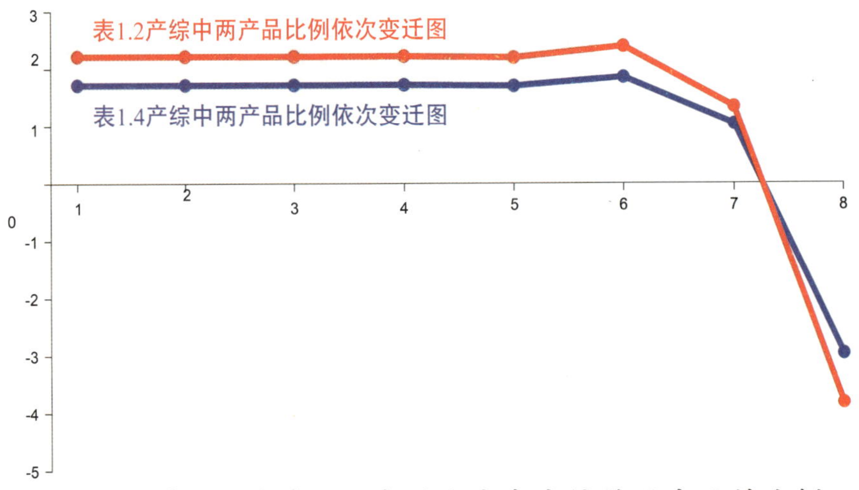

图 1.1 表 1.2 和表 1.4 中逐次产出产综的两产品的比例

至此, 我们完成了无消费情形的这个简单模型的稳定性概述. 这里, 无消费是指每年产出的产品全部投入下一年度的再生产. 这当然是理想化的不切实际的模型. 事实上, 带消费情形曾经是长时间未能处理好的难题. 直到 2021 年冬, 我们才唤醒了华先生的一个沉睡了 37 年的想法, 经修正与更新, 最后完成了这项工作 [2]. 简单地说, 可将带消费情形归结为前面已处理过的无消费情形: 只需将表 1.1 换成一个带有"消费参数"$\alpha \in (0,1)$ 的新表 1.1" (参见 (2.2) 的第二式, 更多细节见 §6.2), 然后由它导出带有 α 的新表 1.3" (参见 (2.6) 的第一式, 更多细节见 §7.3). 容易直接验证, 两个新表的平衡解都与 α 无关, 重合于原表的平衡解. 于是将初值 (34.41181135, 20) 应用于新表 1.3", 得出表 1.5. 此处"崩时"("崩溃时间"的简称) 为 48, 表示第 48 年崩溃. 与表 1.4 相比, 带消费情形的稳定性要好很多, 原因是发展速度随 α 的增加而减缓. 表 1.5 中 α 的采样是细心设置的 (参见表 1.9), 有别于文 [2, 3] 所用的采样. 我们无妨再看看表 1.5 中的前两种情况走向崩溃之前比例的变化情况.

表 1.5 带消费情形使用新表 1.3" 的运行情况

崩时 \ 参数 α / 初值	$\frac{7}{12}$	$\frac{2}{3}$	$\frac{3}{4}$	$\frac{4}{5}$	$\frac{5}{6}$
(34.41181135, 20)	48	66	97	127	157

图 1.2 中短的这条曲线 (蓝) 对应 $\alpha = 7/12$, 另一条 (红) 对应 $\alpha=2/3$. 从图中可见, 前面一段近乎常值, 后面一弹起, 很快就崩溃.

因为仅有两种产品, 崩溃位置都在第 2 种产品, 它当然可被视为"弱势产品". 此刻产品的等级排序平凡. 对于一般情况, 远非如此, 这是下一节的主题.

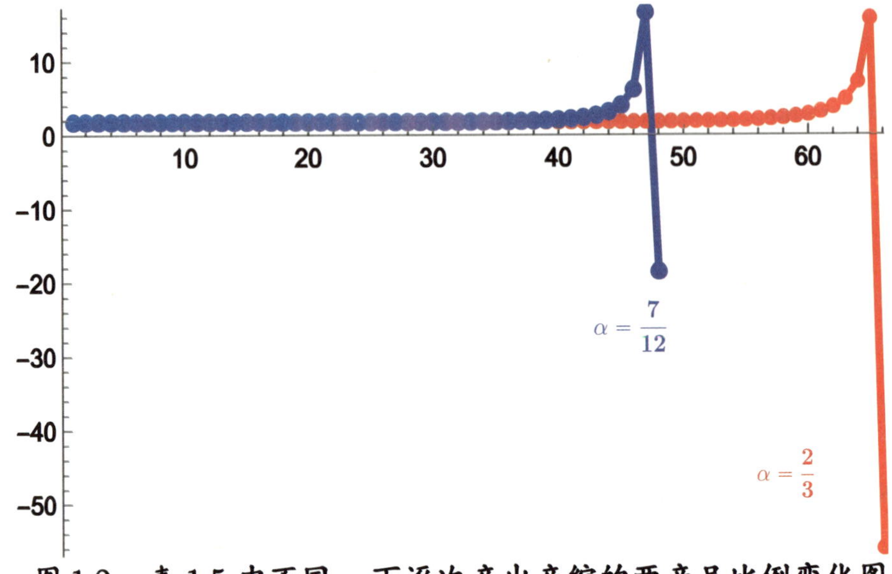

图 1.2 表 1.5 中不同 α 下逐次产出产综的两产品比例变化图

§1.2 产品的等级序与分类

相比于原投入产出表的平衡解, 转移概率表的平衡解拥有更深刻的数学和经济内涵, 它表示各产品的真实总价值, 有统一量纲. 这样, 使用转移概率表的平衡解作为经济系统产品的等级排序与分类的依据, 更能反映经济系统的本质特征 (详见 §8.1).

以 2000 年中国 17 产品 (又称部门) 投入产出表数据为例, 它的投入产出表与转移概率表见表 3.1 和表 3.2, 17 种产品的名称见表 3.3. 转移概率表的平衡解由 17 个数值组成, 分别是

$$
\begin{aligned}
&(4.551646027911837,\ 10.718207273725797,\ 2.4750480126568433,\\
&\ 11.882516615094413,\ 7.394869041817426,\ 10.396899945738642,\\
&\ 9.067767286865232,\ 31.794912111552502,\ 2.561333603687989,\\
&\ 24.710454971746945,\ 47.354871097988195,\ 1.1727523635254098,\\
&\ 6.155391142272074,\ 8.032321656772979,\ 4.255154367502509,\\
&\ 1.4975916275600551,\ 1.\dot{0}).
\end{aligned}
\tag{1.1}
$$

需要强调的是, 不同软件输出的结果, 在末尾几位处可能有所不同. 于是我们得到如图 1.3 所示的平衡解, 其中横坐标表示产品序号, 纵坐标表示转移概率表的平衡解, 并在图中用带圈数字标记出部分产品的等级. 将平衡解的 17 个数值按照大小重新排序得到 2000 年 17 产品的等级序, 见表 1.6.

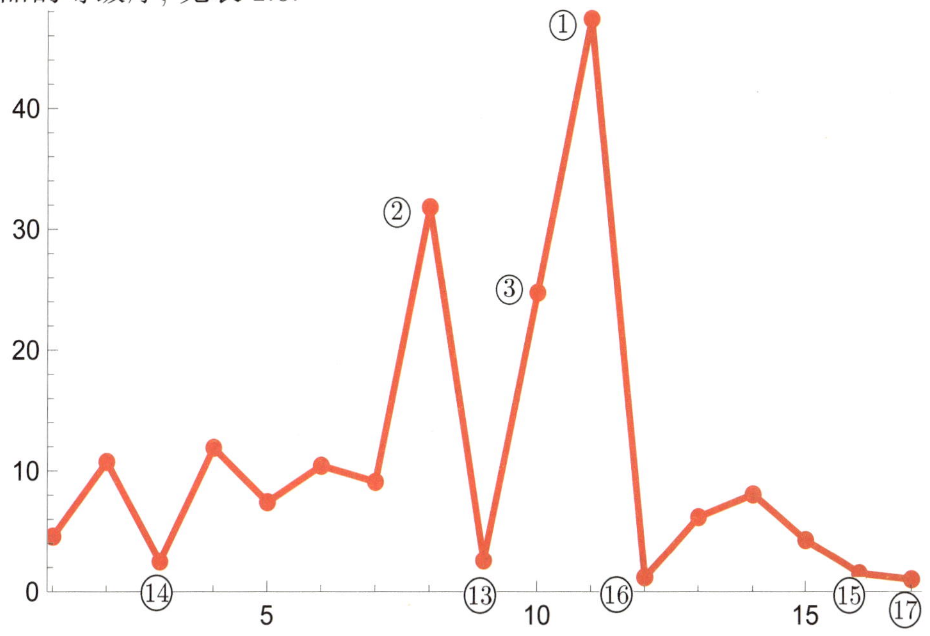

图 1.3 2000 年 17 产品转移概率平衡解图

表 1.6 2000 年 17 产品的等级序

产品序	1	2	3	4	5	6	7	8	9
等级序	11	5	14	4	9	6	7	2	13
产品序	10	11	12	13	14	15	16	17	
等级序	3	1	16	10	8	12	15	17	

紧接着, 我们可以给出产品的大体分类: “拳头产品”(支柱产业)、“弱势产品”(瓶颈产业) 及 “中间产品”, 进而得出经济系统各产品在系统中所处地位. 首先, 分别计算平衡解中每个值在所有值之和中所占的百分比 (比重), 将原平衡解转化为所有值之和为 1 的新平衡解; 其次, 将新平衡解的数值从小到大重新排序, 将前 n 个数值累

加, 得到**累积百分比**, 记作 $F(n)$, 称为累积 (概率) 分布函数, 它表示前 n 种产品的累积贡献概率. 当 $n=1$ 时, 即为最小值在总体中占的百分比; 当 $n=2$ 时, 即为最小值和次小值之和在总体中占的百分比. 以此类推, 随着 n 的不断增加, 累积百分比就会增大, 直至所有值之和累加, 累积百分比达到 100%. 当然, 当 $n=0$ 时, 累积百分比为 0. 产品所占的百分比越大, 说明它对经济系统的贡献越大. 根据研究需要, 将累积百分比分为不同的区间段, 不同的区间段内包含的产品便可划分为“拳头产品”“弱势产品”“中间产品”. 当产品的累积百分比 $\leqslant 5\%$ 时, 我们认为是弱势产品; 对于排序在后面的少数产品, 若累积百分比 $\geqslant 50\%$, 我们认为是拳头产品; 剩余的产品为中间产品.

如此, 2000 年 17 产品对应的数值之和为 1 的新平衡解为:

$$
\begin{aligned}
(&0.0246006015191061,\ 0.0579294489341208,\ 0.0133770661265503,\\
&0.0642222735466540,\ 0.0399675689779381,\ 0.0561928566129014,\\
&0.0490091998200696,\ 0.171844198427298,\ 0.0138434199310379,\\
&0.133554334495260,\ 0.255942203485602,\ 0.00633845720839460,\\
&0.0332684755705269,\ 0.0434128539741064,\ 0.0229981321823562,\\
&0.00809413883286006,\ 0.00540477035521853).
\end{aligned}
$$

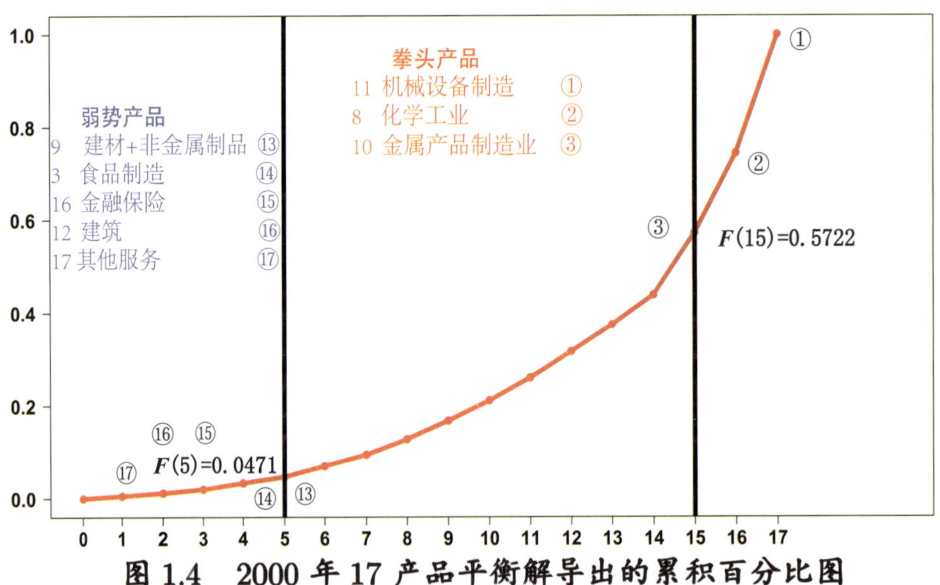

图 1.4 2000 年 17 产品平衡解导出的累积百分比图

这便得出图 1.4. 其横坐标表示从 0 开始的自然序, 纵坐标表示前 n 种产品的累积百分比 $F(n)$. 由此图可以看出,“拳头产品”处于上半部, 即由累积百分比大于或等于 50% 的那些产品构成. 易见

$$\text{“拳头产品”之集} = \text{集合}\ \{n\ \text{所对应的产品} |\ F(n) \geqslant 50\%\}.$$

反之,“弱势产品”由累积百分比小于或等于 5% 的那些产品构成. 如此, 2000 年 17 产品可以划分为 3 种“拳头产品”, 5 种“弱势产品”和 9 种“中间产品”.

将原平衡解中的 17 个数值取小数点后不少于 2 位, 有效数字不少于 4 位的近似, 这是一个有艺术性的取法. 以此为初值, 对于不同参数 α, 其稳定性测试结果如表 1.7 所示.

表 1.7 2000 年 17 产品的稳定性新测试

崩时、地 \ 参数 α / 初值	$\frac{7}{12}$	$\frac{2}{3}$	$\frac{3}{4}$	$\frac{4}{5}$	$\frac{5}{6}$
上述艺术性近似值	21⑰	28⑰	41⑰	53⑰	66⑰

表中的“崩时、地”的数值 21⑰ 表示崩溃时间为第 21 年 (也可称为第 21 次迭代或第 21 步迭代), 崩溃产品的等级序为 17, 重合于产品序 17.

现在, 我们来看看多产品情形的按比例发展的含义. 为此, 只需考虑一个例证. 留意两个产综等比例是指两者中对应的每一种产品相差一个共同的常数因子. 特别地, 若它们的某个分量相等, 则两个产综重合. 下面以 $\alpha = 7/12, n = 21$ 为例证, 介绍多产品情形的稳定性. 若将前 14 年的输出产综放在同一张图上, 则它们几乎完全重叠 (至少凭肉眼无法识别). 我们现在抽取第 15, 18, 21 年的产出产综的三个样本, 合成为图 1.5. 从左边第一个尖峰看, 三条曲线从上到下的顺序为第 21 (红色), 18 (蓝色), 15 (黑色) 年的产出产综. 容易看出: 对于这三年, 前三个产品的输出波动较大, 这导致了后面各产品输出的波动. 到第 21 年, 其输出的等级序为 17 的产品跑到 -0.28255 去了, 即崩溃了.

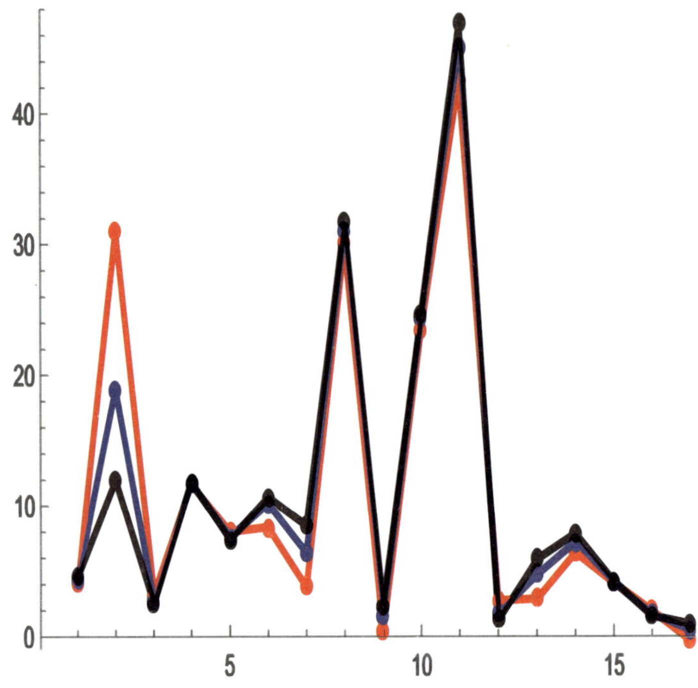

图 1.5 2000 年 17 产品第 15, 18, 21 年产出产综的合成图

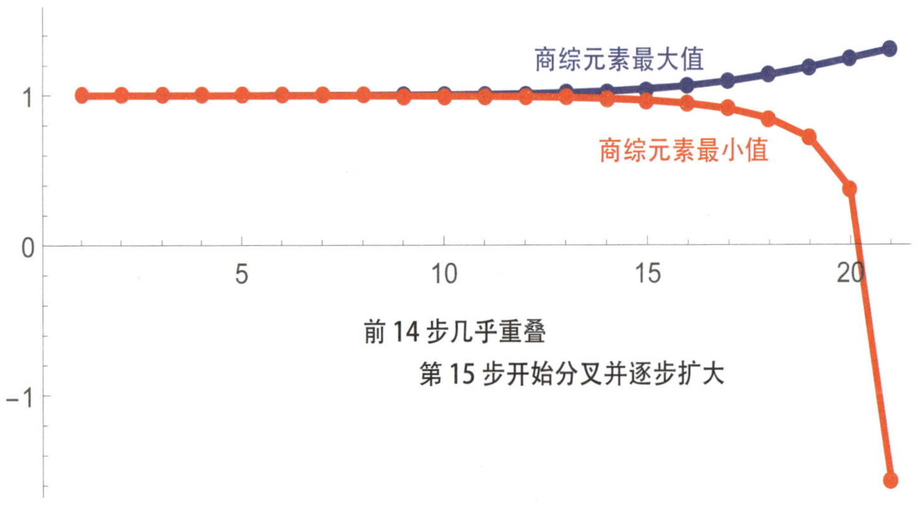

图 1.6 当 $\alpha = 7/12, n = 21$ 时产出产综的逐次振幅图

下面介绍多产品情形更简明的一种图示. 为此, 定义一种商综(形式上类似于产综), 详见 §2.3 中的算符及性质.

$$\frac{\text{第 } n \text{ 年产综}}{\text{第 } n-1 \text{ 年产综}}=\left\{\frac{\text{第 } n \text{ 年产综的产品}}{\text{第 } n-1 \text{ 年产综的产品}}:\text{以原产品序为序}\right\}. \tag{1.2}$$

此处约定: 第 0 年产综 = 输入产综. $p(n)$ 和 $q(n)$ 分别表示上述商综元素的最大值和最小值. $(p(n),q(n)), n=1,\cdots,21$ 构成了图 1.6. 此图展示了从稳定走向崩溃的全过程, 仍然是一旦失衡, 很快崩溃.

最后给出 2007, 2012, 2017 年 42 产品的等级序与分类图及其说明, 当然都是使用它们的转移概率表. 我国每 5 年编制一次投入产出表, 所以这 3 张表覆盖了 15 年间我国的经济状况.

图 1.7 为根据我国 2007, 2012 和 2017 年三个转移概率表所得到的平衡解的数值 (2007 (黑色), 2012 (蓝色), 2017 (红色)). 图中的横坐标表示产品序号, 纵坐标表示转移概率表的平衡解的倍数 (常数因子为 $42/\sum_{i=1}^{42}\mu_i$, μ_i 为平衡解的各个分量). 作出图后才发现三条曲线如此相似. 此处, 对原投入产出表略加注解: 我们以 2012 年的表为中心, 对另外两张表略加修正以保持产品的一致性. 例如, 2007 年的表缺了第 24 号产品 (金属制品、机械和设备修理服务, 图 1.7 中简称"修理服务"), 这可能是因早期统计数据有所缺失而不完备, 我们赋予该产品一个虚拟数值 (取为 2012 与 2017 年第 24 号产品数值的平均), 然后分别将其与第 23 号、25 号产品所对应的数值用虚线相连.

以 2012 年为基准排序, 从图 1.7 中可以看出, 蓝、黑曲线与红色曲线的主要区别在于: 红色曲线第 1 名从第 12 号产品变成第 20 号, 其中第 12 号产品为"化学产品", 第 20 号产品为"通信设备、计算机和其他电子设备"(图 1.7 中简称"通信设备、计算机等"). 这很容易理解, 因为正是那个时期, 手机开始大流行. 以蓝色曲线为准, 我们把前 6 名用带圈数字标出. 蓝色曲线与黑色曲线的前 6 名基本一致 (除第 5 名略有差别). 从图中还可以看出, 第 30, 33, 34, 35 号产品在这三条曲线中的排名依年度逐步上升.

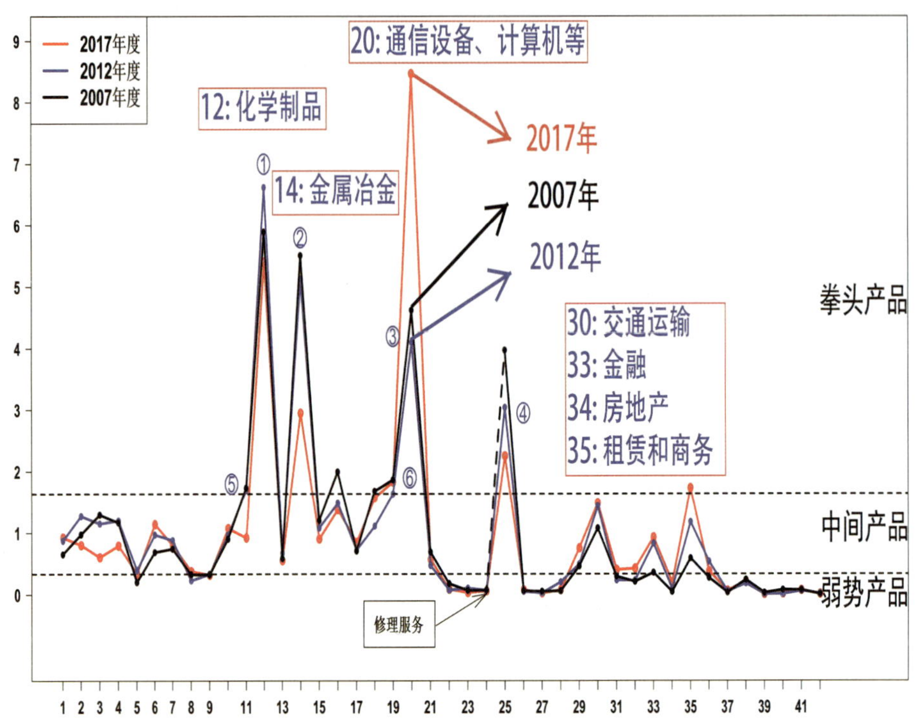

图 1.7 2017, 2012 年 42 产品和 2007 年 41 产品的平衡解图

上图有一不足之处: 虽然我们已找出其中的 6 种“拳头产品”, 但不易马上找出其中的“弱势产品”. 当产品个数很多时更是如此. 我们利用前面提到的累积百分比, 对比分析 2007 (黑色), 2012 (蓝色), 2017 (红色) 三个年度 42 产品的分类, 得到如图 1.8 所示的累积百分比. 图中的横坐标为从 0 开始的自然序, 纵坐标为前 n 种产品的累积百分比 $F(n)$.

图 1.8 表明, 跨越 15 年, 三个年度的累积百分比曲线图非常一致. 这说明使用累积百分比对产品等级进行分类是可靠的. 累积百分比大于或等于 50% 的 5, 6 种产品构成“拳头产品”, 小于或等于 5% 的 16, 17 种产品构成“弱势产品”. 因后者的数量偏多, 所以在图 1.8 的下图中, 补充了小于或等于 1% 的分界, 后者含 8, 9 种产品.

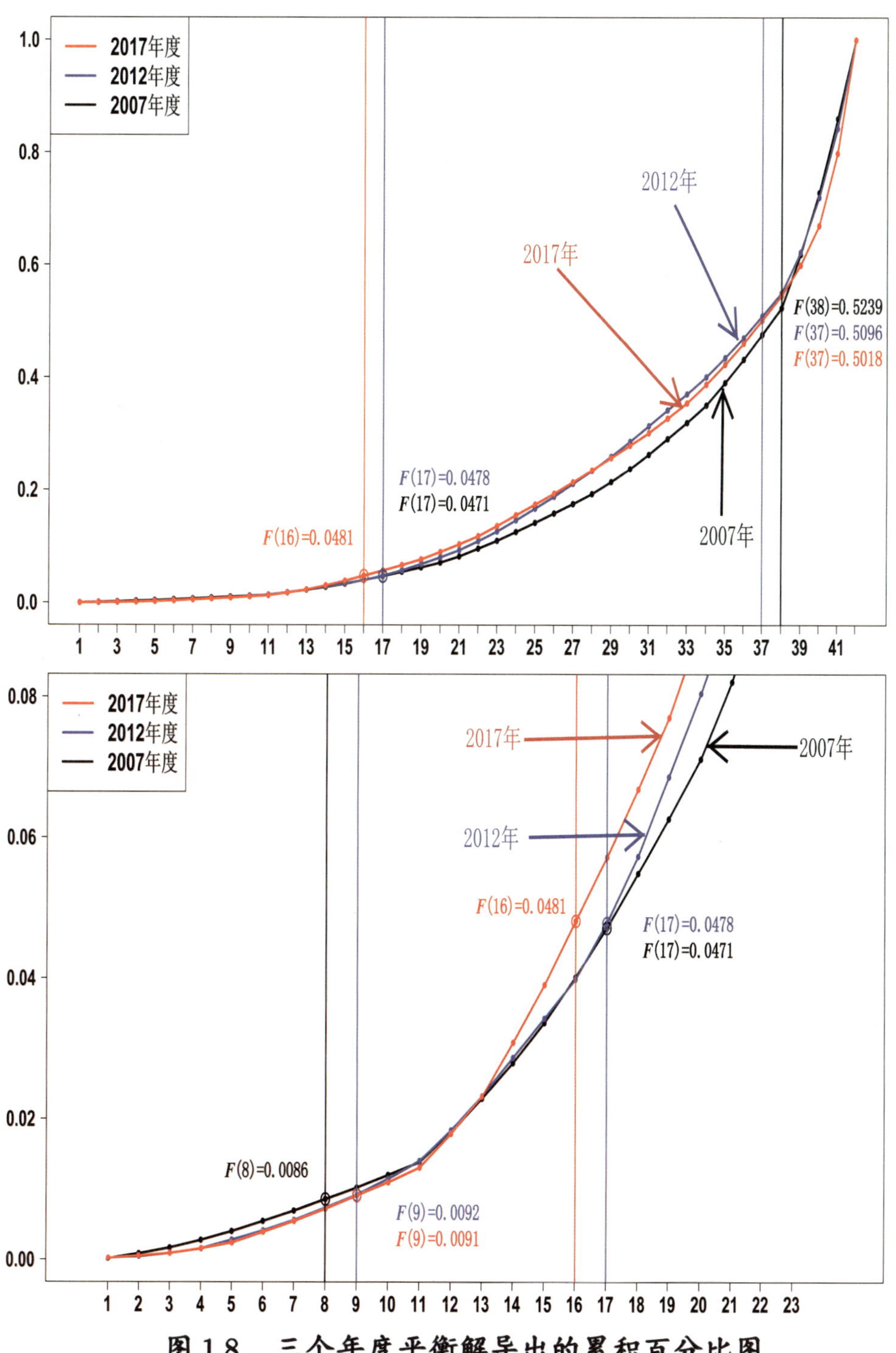

图 1.8 三个年度平衡解导出的累积百分比图

§1.3 经济预测与调控

我们知道, 经济增长速度 (简称经济增速) 等于最佳发展速度 (详见定理 6.5(1)) 减 1, 而最佳发展速度与消费倍数 (即产出产综与投入产综之差的倍数) 有关, 那么通过设定目标经济增速, 首先可以得到消费倍数, 进而得到第一年的产出产综量, 最后计算得出当年的可用消费量. 换言之, 最大经济增速可决定最大可用消费量.

以 2000 年 17 产品为例, 经济增速所对应的消费参数及可用消费倍数如表 1.8 所示.

表 1.8 2000 年 17 产品不同增速下的消费参数及可用消费倍数

经济增速	3%	4%	5%	6%	7%	8%	9%	10%
消费参数	0.916	0.889	0.863	0.837	0.812	0.787	0.762	0.738
消费倍数	10.92	8.03	6.29	5.13	4.31	3.69	3.21	2.82

譬如, 设定 2000 年的经济增速目标为 5%, 那么当年的可用消费量应该是当年经济增产部分的 6.29 倍. 当经济增速增加时, 消费倍数下降, 如表 1.8 所示, 又见 (9.3). 如果实际 (计划) 消费量不超过可用消费量, 也就是说可用消费量够了, 那么就可以实现 5% 的经济增速目标. 如果可用消费量不足, 那么需要降低经济增速 (或者调整计划消费量, 或者通过某种方式补足消费量, 如进口). 同时, 若要提高经济增速, 需适当降低可用消费量. 总而言之, 通过消费情况来判断经济增速目标设置是否合理, 这也是调控与预测经济系统的依据.

从表 1.8 看出, 8 种经济增速对应的消费倍数都大于 1, 表明仅把增产部分用于消费是不够的. 事实上, 经济运行总是边生产边消费, 而不是将增产部分储存起来用于下一年度的消费. 而且, 消费并不由当年的生产状况完全支配, 当经济发展不太顺时, 经济运行的最基本条件总要保证, 基本消费资料总得保障.

现在, 可以解释表 1.5 (或表 1.7) 中 α 取法的依据. 记 γ_α 为消费倍数, 从 [2] 或 §6.2 可以看到如下公式:

$$\gamma_\alpha := \alpha(1-\alpha)^{-1},$$ [5]

[5] "变量:=表达式", 冒号在等式的左边, 表示左边的变量定义为右边的表达式. 反之可使用算符"表达式=:变量", 其含义自明.

于是得出

表 1.9 所取的 α 值与消费倍数 γ_α 之间的关系

参数 α	7/12	2/3	3/4	4/5	5/6
消费倍数 γ_α	1.4	2	3	4	5

表 1.9 中 α 的取值展示出与表 1.8 近似的消费倍数. 由此可以看出, α 的取值依然有更多的灵活性.

表 1.10 不同增速下的第一年产出产综、可用消费量和可消费比例

经济增速	产品	产出产综	可用消费量	可消费比例
3%	x	0.576221	0.183307	0.318119
	y	0.13688	0.043544	
	z	0.02392	0.007609	
4%	x	0.581816	0.179655	0.308783
	y	0.138209	0.042677	
	z	0.024152	0.007458	
5%	x	0.58741	0.176003	0.299626
	y	0.139538	0.041809	
	z	0.024385	0.007306	
6%	x	0.593004	0.172351	0.290641
	y	0.140867	0.040942	
	z	0.024617	0.007155	
7%	x	0.598599	0.1687	0.281824
	y	0.142196	0.040074	
	z	0.024849	0.007003	
8%	x	0.604193	0.165048	0.273171
	y	0.143525	0.039207	
	z	0.025081	0.006851	
9%	x	0.609788	0.161396	0.264676
	y	0.144854	0.038339	
	z	0.025314	0.0067	
10%	x	0.615382	0.157744	0.256336
	y	0.146183	0.037472	
	z	0.025546	0.006548	

如表 1.10 所示, 我们分别在“拳头产品”“中间产品”“弱势产品”中各取一种产品代表, 它们分别是排名第 1 的产品 x“机械设备制造业”、排名第 9 的产品 y“其他制造业”、排名第 17 的产品 z“其他服务业”. 给出这三种产品在不同经济增速下的相关结果 (均保留小数点后 6 位), 表中第 3, 4 列分别是第一年产出产综和可用消费量. 表中第 5 列是可消费比例, 它是可用消费量和产出产综的比例常数 (详见 §9.2).

表 1.10 表明: (1) 随着经济增速的增加, 同一产品的产出产综呈上升趋势, 可用消费量呈下降趋势. (2) 在经济增速相同的情况下, 所有产品的可消费比例相等, 且随经济增速的增加, 呈下降趋势.

§1.4 经济结构优化

前面几节, 我们研究的都是相对短时期的行为, 即利用固定的经济结构 (固定的投入产出表) 来分析经济系统的稳定性和调控. 假如我们希望加强发展某些行业, 或因产能过剩需要减弱某些行业, 那就需要对经济结构进行调整. 当然, 期望优化, 即给出好的调整方案 (换言之, 好的新投入产出表). 这里的大问题是: 何为“好”, 标准是什么? 在 §1.1 中, 我们已经看到华先生的最基本结论: 要维持经济系统永不崩溃, 唯一可能的投入是投入产出表的平衡解. 其实, 华先生还有一结论: 为得到最快的经济发展速度, 唯一可能的投入还是如上的平衡解. 因此, 平衡解乃是经济系统运行的核心、本质要素. 容易想象, 选择一个新平衡解比构造一个新投入产出表要容易得多. 现在问题变成: 根据实际需求, 选择一个新平衡解; 然后从当前的投入产出表出发, 构造出一个新投入产出表, 其平衡解就是已给定的新平衡解. 让我们以 §1.1 中的最简单模型为例, 介绍具体做法. 回顾 §1.1, 有

$$\text{原平衡解: (农业, 制造业)} = \left(\frac{5}{7}\left(\sqrt{2409}+13\right),\ 20\right).$$

现在选择新平衡解, 例如, 让制造业增加 10%, 得出

$$\text{新平衡解: (农业, 制造业)} = \left(\frac{5}{7}\left(\sqrt{2409}+13\right),\ 22\right).$$

当然, 选择新平衡解时, 也可以只修改原平衡解的农业产品, 或同时修改平衡解的两种产品. 使用新、旧平衡解可算出

表 1.11 两产品的优化系数表

系数＼消耗 输出	农业	制造业
农业	1	11/10
制造业	10/11	1

详言之, 若以 (u_1, u_2) 表示原平衡解, 而以 $(\tilde{u}_1, \tilde{u}_2)$ 表示刚选定的新平衡解, 则表 1.11 中的 4 个数有表达式

$$\begin{bmatrix} \dfrac{u_1\tilde{u}_1}{\tilde{u}_1 u_1} & \dfrac{u_1\tilde{u}_2}{\tilde{u}_1 u_2} \\ \dfrac{u_2\tilde{u}_1}{\tilde{u}_2 u_1} & \dfrac{u_2\tilde{u}_2}{\tilde{u}_2 u_2} \end{bmatrix} = \begin{bmatrix} 1 & 11/10 \\ 10/11 & 1 \end{bmatrix} \qquad \text{(参见 §3.3).}$$

优化系数表 1.11 中大于 1 的项表示需要增加投入, 而小于 1 的项表示产能过剩. 注意此表仅依赖于 u 和 $\tilde{u}$. 将表 1.11 与原投入产出表 1.1 的对应元素逐个相乘, 便得出所求的新投入产出表, 如表 1.12 所示.

表 1.12 两产品的基本解表

消耗量＼消耗 输出	农业	制造业
农业	0.25	0.154
制造业	4/11	0.12

表 1.12 的平衡解即是预先设计的新平衡解. 此新表也被称为经济结构优化的基本解表, 它与原投入产出表有相同的发展速度.

此处着重指出: 在第十章将证明, 对此基本解, 还有进一步优化的空间. 先写出新表中每一元素的 κ 倍与原表对应元素之差的绝对值, 如表 1.13 所示.

表 1.13 两产品基本解及其摄动的偏差表

$0.25\,\lvert\kappa-1\rvert$	$0.14\,\lvert 11\kappa/10-1\rvert$
$0.4\,\lvert 10\kappa/11-1\rvert$	$0.12\,\lvert\kappa-1\rvert$

表中的 κ 为待选参数. 特别地, 当 $\kappa=1$ 时, 表中 4 个数的最大值 $2/55=0.0\dot{3}\dot{6}$ (两位循环小数) 表示从原表到新表最多需要调整的幅度为 2/55. 现在, 我们寻求这 4 个元素作为 κ 的函数的最大值在区间 $(10/11, 11/10)$ 上的最小值. 经计算 (也可使用软件), 找到此最小值点为 $\kappa^*=990/949\approx1.0432$. 由此得到最优解表: 它是表 1.12 的每一元素乘 κ^* 得出的. 在此处, 上述 4 个元素的最大值为 $98/4745\approx0.0206533$. 后者显然比基本解所给出的最大值 2/55 好 (小) 不少. 这得出最优系统的发展速度比原系统 (或基本解) 的发展速度要慢些, 但仅相差一个常数因子

$$1-1/\kappa^*=41/990=0.0\dot{4}\dot{1}.$$

实际上, 上面所使用的正是优化理论中常用的极大极小化原理. 发展速度虽慢些, 但却保持完全相同的稳定性 (参见推论 10.8).

在继续深入之前, 先补充解释一下极大极小化原理. 简单地说, 就是“从最坏中选最好的”. 例如, 在盛夏, 想找个好日子出门, 当然希望回避酷暑, 所以先查近些天的最高气温, 然后从中挑选气温最低者, 这样做最保险. 在春、秋, 则用另一种做法: 查看“平均气温”, 从中选取最合适者. 这两种做法正是每天天气预报节目的基本内容, 它们也是随后要使用的两种关于 κ 的优化方法.

下面概述带消费情形的优化. 设消费参数为 $\alpha\in(0,1)$, 则有表 1.14. 保持目标产综不变, 从而优化系数表 1.11 不变. 由这两表给出表 1.15.

表 1.14 两产品带消费情形的投入产出表

消耗量 \ 消耗 / 输出	农业	制造业
农业	$0.25\,(1-\alpha)+\alpha$	$0.14\,(1-\alpha)$
制造业	$0.4\,(1-\alpha)$	$0.12\,(1-\alpha)+\alpha$

表 1.15 两产品带消费情形的基本解表

消耗量 \ 消耗 / 输出	农业	制造业
农业	$0.25\,(1-\alpha)+\alpha$	$0.154\,(1-\alpha)$
制造业	$4\,(1-\alpha)/11$	$0.12\,(1-\alpha)+\alpha$

进一步得出表 1.16.

表 1.16 两产品带消费情形基本解及其摄动的偏差表

$(0.25\,(1-\alpha)+\alpha)\,\lvert\kappa-1\rvert$	$0.14\,\lvert 11\kappa/10-1\rvert\,(1-\alpha)$
$0.4\,\lvert 10\kappa/11-1\rvert\,(1-\alpha)$	$(0.12\,(1-\alpha)+\alpha)\,\lvert\kappa-1\rvert$

然后在允许的范围内, 选取最好的 κ. 如前所述, 我们所选用的“最好”有两种标尺: 一是“从最坏中选最好的”, 二是“平均”. 两个最优分别记作 $\kappa^*(\alpha)$ 和 $\bar{\kappa}(\alpha)$. 对于前者, 前面已提及. 当 $\alpha=0$ 时, $\kappa^*(0)=\kappa^*=990/949$. 在一般情况下, 其解答为

$$\kappa^*(\alpha)=\begin{cases}\dfrac{990}{949}\approx 1.0432, & 0\leqslant\alpha\leqslant\dfrac{187}{1007}\approx 0.1857,\\ \dfrac{11(7\alpha+13)}{5(17\alpha+27)}, & \dfrac{187}{1007}\leqslant\alpha<1.\end{cases}$$

特别地, 由此得出

表 1.17 几种 α 所对应的最优解 $\kappa^*(\alpha)$

α	0	$\frac{7}{12}$	$\frac{3}{4}$	$\frac{5}{6}$
$\kappa^*(\alpha)$	$\frac{990}{949}\approx 1.0432$	$\frac{451}{443}\approx 1.01806$	$\frac{803}{795}\approx 1.01006$	$\frac{1243}{1235}\approx 1.00648$

关于“平均”的最优解 $\bar{\kappa}(\alpha)$, 其解答为

$$\bar{\kappa}(\alpha)=1+\frac{334781\,(1-\alpha)^2}{7043634+8297732\alpha+45158634\alpha^2}.$$

上述 $\kappa^*(\alpha)$ 和 $\bar{\kappa}(\alpha)$ 的解答, 见例 10.4 和 10.5. 这里的解析解源于两点的简单模型. 在一般情况下, 通常都是可解的, 但仅有数值解, 如第三章 2000 年模型的解答. 此处特别指出: 在 §10.3 将证明, 对于固定的 $0\leqslant\alpha<1$, 以上这些调整优化后的投入产出表和原始的投入产出表都拥有完全相同的稳定性 (参见推论 10.8), 即经济系统失衡或崩溃的时间和产品都相同.

补记 (1) 在 §1.1 中, 取平衡解的小数点后 3 位近似值 (44.344, 20), 崩溃时为 8, 如表 1.2 所示. 这里补充两种初值. 一是取本章开头所示的平衡解的有效 10 位近似值, 这已经是实践中几乎不可行的高精度, 但崩溃时也只是 13. 如取整数近似, (45, 20) 或 (44, 20), 则崩溃时均为 3. 因 $45>44.344$, 依常规, 投入大的稳定性会好些. 但两者的崩溃时分别为 3 和 8. 完全反了. 原因在于: 对于稳定性, 需以平衡解为中心, 使用 45 和 44 的两个取法与较准确的 44.344 的差相近, 所以两者的稳定性一致.

(2) 平衡解的存在唯一性乃本书的核心, 为此需要一个“不可约”的简单条件. 粗糙地说, 投入产出表中的非零元素不能太少, 将产品视为村庄, 将方阵的正元素视为公路, 这意指“村村通公路”的连通性. 对于两产品情形, 平衡解只是平面上的一条直线, 离开此直线稍远的直线就不可能稳定, 可忽略之. 这是我们取平衡解的近似解做测试的理论依据. 在多产品情形下, 平衡解乃多维空间中的一条直线, 可见有多么珍贵, 相信离开数学是找不出来的, 更不用说稳定性分析了!

第二部分　典型案例

在这一部分, 我们先给出一些较为初等的预备知识, 然后详细介绍部分国家级投入产出表的分析过程和主要结论. 以产品数较少的 2000 年模型为代表, 然后是 2007, 2012, 2017 年三个代表模型, 最后是 1992, 1997, 2002 年三个早期模型, 这反映出我国跨越 30 年的经济运行情况, 同时也介绍了两个海外模型, 验证了本书理论的可行性和可靠性.

阅读这一部分多少需要一点数学基础, 至少应先看看第二章.

第二章　预备知识

§2.1　矩阵及性质

矩阵与转置

由 $m\times n$ 个数 a_{ij} 排成的 m 行 n 列的数表称为 m 行 n 列的矩阵, 简称 $m\times n$ 矩阵. 记作

$$A=\begin{pmatrix} a_{11} & a_{12} & \cdots & a_{1n} \\ a_{21} & a_{22} & \cdots & a_{2n} \\ \cdots & \cdots & \cdots & \cdots \\ a_{m1} & a_{m2} & \cdots & a_{mn} \end{pmatrix},$$

这 $m\times n$ 个数称为矩阵 A 的元素, 矩阵 A 也可记作 (a_{ij}). 当 $m=n$ 时, 称矩阵 A 为 n 阶方阵. 本书所用到的矩阵都是方阵. 当 $m=1\,(n=1)$ 时, 称为 n 维行向量 (m 维列向量).

矩阵的转置是矩阵的一种运算, 把 $m\times n$ 矩阵 A 的行换成同序数的列得到一个 $n\times m$ 矩阵, 称为 A 的转置矩阵, 记作 A^*.

在第一章, 表 1.1 是由四个数字排成两行两列的结构, 简称 2×2 矩阵 (或 2 阶方阵), 可以用

$$A=\begin{pmatrix} 0.25 & 0.14 \\ 0.4 & 0.12 \end{pmatrix}$$

表示. 此时,

$$A^*=\begin{pmatrix} 0.25 & 0.4 \\ 0.14 & 0.12 \end{pmatrix}.$$

矩阵非负不可约、非周期

记集合 $E=\{1,2,\cdots,d\}$, 矩阵 $A=(a_{ij}:i,j\in E)$.

矩阵 A 非负: 矩阵中的每个元素 a_{ij} 都大于或等于 0.

矩阵 A 不可约: 设 $i, j \in E$, $j \neq i$, 若 $a_{ij} > 0$, 则以 $i \to j$ 表示从 i 到 j 的一条定向边. 将 E 中的点视为顶点, 则 E 与刚定义的定向边一起, 构成一个定向图. 进一步地, 若对于每一对 $i, j \in E$, 都存在一条从 i 到 j 的通路: $i = i_1 \to i_2 \to \cdots \to i_m = j$ (不妨设 i_1, $i_2, \cdots$, i_m 互不相同), 同时也存在一条从 j 到 i 的通路, 则称此定向图**强连通**. 所谓不可约, 即强连通.

矩阵 A 的简单非周期条件: 对于非负不可约矩阵, 只要它的主对角线上含有一个正元素, 即对于某个 $i \in E$, 有 $a_{ii} > 0$, 则该矩阵必定为非周期的.

例如, 矩阵

$$A = \begin{pmatrix} 1 & 0 & 0 & 1 \\ 1 & 0 & 0 & 0 \\ 0 & 1 & 0 & 0 \\ 0 & 0 & 1 & 0 \end{pmatrix},$$

它有一条通路 (闭路) $2 \to 1 \to 4 \to 3 \to 2$, 任意两点互通, 所以它是不可约的. 再因为对角线元素 $a_{11} > 0$, 所以此矩阵也是非周期的. 假如重设 $a_{11} = 0$, 那么它就变成周期的了. 事实上, 从每一个点出发回到自身需要走 4 步, 所以它有周期 4 (但我们用不到周期性的细节, 故此处不再详述).

矩阵的特征值和特征向量

如果对于某个复数 λ, 行向量 u 和列向量 v 分别满足

$$uA = \lambda u, \qquad Av = \lambda v,$$

那么称 λ 为 A 的特征值, u 和 v 为 A 的相应于 λ 的左、右特征向量 (贯穿全文, 特征向量可相差一非零常数倍). 若矩阵 A 非负不可约, 则最大特征值 (常记作 $\rho(A)$) 是正的单重特征值, 它所对应的 u 和 v 的元素也都是正值, 详见定理 6.3. 事实上, $\rho(A)$ 及 u 和 v 乃是华罗庚经济优化理论的三大要素, 这三个记号在全书中保持不变.

§2.2 投入产出新法

经济系统结构复杂, 各种产品是相互关联、相互制约地发展的, 经济系统的发展体现在初始投入产综 (即各产品所组成的向量) 和随后逐年产出产综的变化上. 设 d 为经济系统中产品的数量, 将所关心的产品构成的**产综** (固定单位: 千瓦, 吨 $\cdots\cdots$) 记为

$$x=\left(x^{(1)}, x^{(2)}, \ldots, x^{(d)}\right).$$

若要研究当前的经济状况, 需要调查以下三种数据.

- 去年的投入产综, 记为 $x_0=\left(x_0^{(1)}, x_0^{(2)}, \ldots, x_0^{(d)}\right)$;
- 今年的产出产综, 记为 $x_1=\left(x_1^{(1)}, x_1^{(2)}, \ldots, x_1^{(d)}\right)$;
- 结构方阵 (消耗系数方阵), 记为 $A=\left(a_{ij}: i, j=1,2,\cdots, d\right)$,

其中矩阵 A 反映了经济的本质属性, 其元素 a_{ij} 的含义为: 每生产一个单位的 i 类产品, 需要消耗 a_{ij} 个单位的 j 类产品. 上述三者之间的关系是:

$$x_0^{(j)}=\sum_{i=1}^d x_1^{(i)} a_{ij}.$$

写成矩阵形式:

$$x_0=x_1 A.$$

一般地, 我们假定 A 与时间无关, 于是有

$$x_0=x_n A^n, \qquad n \geqslant 1. \tag{2.1}$$

其中 x_n 表示第 n 年的产出产综, 这就是著名的**华罗庚投入产出模型**, 常假定 A 非负不可约. 对于 §1.1 所讨论的模型, 在 §2.1 中由表 1.1 所导出的 2 阶方阵 A 即是此模型的结构矩阵. 它的最大左特征向量即是第一章所述的原投入产出表的平衡解.

在实际社会生产中, 消费必不可缺. 对于有消费情形的投入产出模型, 只需要将结构方阵 A 换成随后的 A_α, 于是得到投入产出新模型:

$$x_0 = x_n A_\alpha^n, \qquad A_\alpha := (1-\alpha)A + \alpha I. \tag{2.2}$$

其中 $\alpha \in (0,1)$ 表示“消费算子” I 的系数, 也称为消费参数, I 为单位矩阵. 确切地说, A_α 是无消费算子 A 与无增长算子 (俗称消费算子) I 的凸组合. 与 A 一样, A_α 也非负且不可约. 留意只要 $\alpha > 0$, A_α 就非周期. 显然, 当 $\alpha = 0$ 时, $A_\alpha = A$, 便回到了无消费情形, 这当然不切实际. 同样地, $\alpha \neq 1$, 否则 $A_1 = I$, 并无经济活动, 模型毫无意义. 所以自此以后, 除非另有声明, 我们总假定 $0 < \alpha < 1$.

上述模型是对华先生带消费模型 (详见 §6.2) 的修正, 即将消费系数修正为消费倍数. 对于一般的 $\alpha \in [0,1]$, 最大特征值

$$\rho(A_\alpha) = (1-\alpha)\rho(A) + \alpha \tag{2.3}$$

随 α 的变化而变化, 但当 $\alpha \in [0,1)$ 时, A_α 与 A 有共同的最大左、右特征向量 u 和 v. 此时, $\rho(A_\alpha) < 1$ 当且仅当 $\rho(A) < 1$. 换言之, u 和 v 是 $\{A_\alpha : \alpha \in [0,1)\}$ 的不变量.

§2.3 转移概率矩阵及其平稳分布

我们先介绍本书常用的若干记号、算符及其运算规则和主要性质. 这些内容多少有些特殊性并且贯穿全书. 为节省篇幅, 我们也不再反复引用, 读者需事先熟悉或反复查阅.

算符及性质

1. 向量 (矩阵) 的分量运算 $\odot$

给定同维数的行或列向量 $x = (x_k)$ 和 $y = (y_k)$, 我们有

- **向量的分量积**: $x \odot y = (x_k y_k)$.
- **向量的分量幂**: $x^\alpha = \left(x_k^\alpha\right)$, α 为实数, 当 $\alpha < 0$ 时要求 x 无零分量.
- **向量的分量商**: $\dfrac{x}{y} = x \odot y^{-1}$, 要求 y 无零分量.
- **矩阵的分量积**: 对于给定的方阵 $A = (a_{ij})$ 和同阶方阵 $B = (b_{ij})$, 有 $A \odot B = (a_{ij} b_{ij})$.

多种常用的数学软件中, 都已包括上述运算. 例如, 关于分量积, 使用不同软件有如下不同表示.

软件名称	算符
Mathematica, R	*
MatLab	.*
Maple	*~

2. 向量的张量积 ⊗

$x \otimes y$ 是矩阵, 即

$$x \otimes y = \begin{pmatrix} x_1 y' \\ x_2 y' \\ \vdots \\ x_d y' \end{pmatrix},$$

其中, $y' = y$ 或 y^* ($*$ 表示转置) 视 y 为行或列向量而定. 逐点形式为

$$(x \otimes y)_{ij} = x_i y_j.$$

在随后的研究中, 关于"分量幂"和"分量商", 因不会发生混淆, 为简单计, 略去"分量"不写. 留心本书常用的产综的"综"字, 乃"向量"的缩写, 所以我们既可将"分量幂"和"分量商"分别简称为"幂"和"商", 也无妨分别称之为"幂综"和"商综"(又见 §1.2). 如实说, 我们以前从未用过上述分量运算, 首次是用于 [2; 引理 9 (4)], 那里需要用到两个向量的分量积 $u \odot v$ (u 和 v 见 §2.1 的末段), 这也是上述"分量运算"的原始出处. 虽然 u 和 v 分别为行、列向量, 两者不同, 但 $u \odot v$ 有显然的意义. 应当指出: 此分量积在本书中起着极其重要作用, 参见定理 7.2 (2) 和 §8.1. 就我们所知, 这里关于向量的分量运算, 尚未在已有文献中出现. 就上述 u 和 v 而言, 我们只用过 (本书 §7.1 还要用到) 作为矩阵的普通乘积 vu, 其结果为矩阵. 对于矩阵情形的分量积, 真正需求源于第十章. 当然, 一个 n 阶方阵可视为 n^2 维空间的向量, 所以自然有"分量运算": $A \odot B = (a_{ij} b_{ij})$. 在代数里, 也称上述分量积为"Hadamard 积", 还有与之同义但更贴

切于矩阵的“逐点积”(Element-wise multiplication). 事实上, 上述定义对于形状相同的 $m \times n$ 矩阵也成立. 本书中最早使用的方阵分量积为 $\left(v^{-1}v^{*}\right) \odot A$, 其中 $v > 0$ 为 A 的右特征向量, 而“$*$”表示转置, 在矩阵论中常用上标 T 替之. 我们选用 $*$, 是因若将 A 视为算子, 则其共轭算子 A^{*} 就是矩阵 A 的转置. 所以除非真正必要, 我们常略去共轭符号 $*$ 不写. 本书常用关键变换:

$$D_w^{-1}AD_w = H_w \odot A, \tag{2.4}$$

其中 H_w 是一矩阵, 它是由正向量 w 和 w^{-1} 生成的最简单的张量积: $w^{-1} \otimes w$ (也称为 Kronecker 积), 而 D_w 是以向量 w 为对角线元素的对角矩阵. 它是本书常用的一种特殊记号, 与此相关的还有 $\mathbb{1}$: 分量为常数 1 的列向量. 易见:

- 当 w 的分量均非零时, $D_w^{-1} = D_{w^{-1}}$.
- $\mathbb{1}^{*}D_w = w$ (行向量), $D_w\mathbb{1} = w$ (列向量).
- $D_xD_y = D_{x\odot y}$, $xD_y = x \odot y$ (行), $D_xy = x \odot y$ (列).

比 (2.4) 更一般地, 对于任意的向量 x 和 y, 我们有:

$$D_xAD_y = (x \otimes y) \odot A.$$

此恒等式两边各有优点. 左边在理论论证中更方便一些. 例如, 如果 $x = 1/y$ 且 y 不含零分量, 那么左边为 A 的相似变换, 两者等谱 (两个矩阵的特征值完全一样). 但直接从右边不易看出这个结论. 另外, 从计算的角度看, 左边需做两次 d 阶矩阵的乘法, 所以总共需要做 $2 \times d^3$ 次元素的乘法; 但右边只需做 $2 \times d^2$ 次乘法. 从计算复杂性看, 右边比左边低一阶. 此处, 我们提及一个对角阵 D_x 与矩阵 A 乘积的口诀: *左行右列*. 即

D_x 左乘 A: D_xA, 乃是将 D_x 第 i 个对角线元素乘 A 的第 i 行;

D_x 右乘 A: AD_x, 乃是将 D_x 第 j 个对角线元素乘 A 的第 j 列.

这可从上面恒等式的右边直接验证.

贯穿全书, 我们常用矩阵

$$P = D_v^{-1}\frac{A}{\rho(A)}D_v = (v^{-1}\otimes v)\odot\frac{A}{\rho(A)}. \tag{2.5}$$

此处, v 是 A 的最大特征值 $\rho(A)$ 对应的右特征向量. 变换 (2.5) 将原投入产出表的结构矩阵 A 转化为转移概率矩阵 P: 其各元素非负且各行元素之和等于 1.

可证明 P 与 A 有相同的不可约性与非周期性. 将 A 转换为 P 是本书的一个关键技术. 由 (2.5) 可见, 特征向量 v 起着核心作用. 因为经济系统十分敏感, 可以想象 v 的精度对于我们的理论分析的极大影响, 这正是随后常对它做精细化处理的原因.

通过矩阵转换后的 P, 具有如下性质:

(1) 转移概率矩阵 P 的最大特征值是 1. 其所对应的左、右特征向量分别为 $\mu := u\odot v$ 和 $\mathbb{1}$, 其中 u 和 v 分别是 A 的最大特征值对应的左、右特征向量. μ 即为第一章所述的转移概率表的平衡解.

(2) 将 μ 归一化得到 $\pi := u\odot v/uv$, 即为 P 的平稳分布, 满足 $\pi = \pi P = \pi P^n$, $n \geqslant 1$. 在不可约条件下, 此平稳分布唯一.

将带消费模型的结构矩阵 A_α 通过 (2.5) 转换成

$$P_\alpha = (1-\beta_\alpha)P + \beta_\alpha I, \quad \beta_\alpha = \frac{\alpha}{\rho(A_\alpha)}, \quad \alpha\in(0,1). \tag{2.6}$$

相应地, 模型 (2.2) 转化为

$$\mu_0 = \mu_n P_\alpha^n, \qquad n \geqslant 1. \tag{2.7}$$

可证使用 P_α 与 A_α 有相同的稳定性 (参见推论 10.8), 但前者的振幅远小于后者, 且 P_α $(0 \leqslant \alpha < 1)$ 有相同的最大特征值 1, 及其左、右特征向量 $u\odot v$ 和 $\mathbb{1}$. P 的三大特征是 $\{P_\alpha : \alpha\in[0,1)\}$ 的不变量. 进一步, 因为 $\{A_\alpha : \alpha\in[0,1)\}$ 导出的转移概率矩阵 $\{P_\alpha : \alpha\in[0,1)\}$ 由 P 完全决定, 于是 P 也是 $\{A_\alpha : \alpha\in[0,1)\}$ 的不变量.

累积百分比

将产品序号记为 $1, 2, \cdots, d$, 将其在平衡解 μ 中对应位置的数值记为 q_1, q_2, $\cdots$, q_d, 它们所占的百分比分别为:

$$\frac{q_1}{Z}, \frac{q_2}{Z}, \cdots, \frac{q_d}{Z},$$

其中 $Z = q_1 + q_2 + \cdots + q_d$. 然后将这一列数从小到大重新排序为 $p_1 < p_2 < \ldots < p_d$. 由此得出累积百分比:

$$F(0)=0,\ F(1)=p_1,\ F(2)=p_1+p_2,\ \cdots,\ F(d)=p_1+p_2+\cdots+p_d=1.$$

§2.4 算法

经济系统极为敏感. 例如, 若将表 1.4 中的初值改为 (34.4118, 20), 则崩溃时间就会变成第 9 年, 大于 8 年, 这很特别, 因不精确时常有小于 8 年. 于是, 我们在研究中常要求很高的计算精度.

在计算矩阵的最大特征值及相应的特征向量时, 典型的算法有三种: **幂法 (PI)**、**变动推移的反幂法 ($\mathbf{IPI}_v$)** 和**固定推移的反幂法 ($\mathbf{IPI}_f$)**, 详见 §3.1 第一种精细化技术中的 (a), (b) 和 (c). 三者的优缺点与比较详见 §11.2. 这三种算法的核心都是特征向量的迭代, 而相应特征值的计算都作为特征向量计算的附产品. 例如, Rayleigh 熵方法, 这对于幂法在精度要求不高时, 尚可使用. 但对于幂法改进的后两种算法, 常会掉入局部最小值而走上歧途. 对于后两种算法, 代替 Rayleigh 熵方法, 特别是本书所处理的非负矩阵情形, 我们有完整的理论解答可用, 在随后的模型中再逐步给出例证.

下面是应用向量的分量商的一个例证.

给定正的初始产综 x, 经过结构矩阵 A 的一步作用, 得出产综 $y = xA$, 导出向量的分量商 $\frac{y}{x} = \frac{xA}{x}$. 下面是依此商表示的关于 A 的最大特征值 $\rho(A)$ 的对偶变分公式.

定理 2.1 [Collatz-Wielandt (C-W) 公式] 对于非负不可约的 A,

我们有

$$\max_{x>0}\min_{k}\frac{xA}{x}=\rho(A)=\min_{x>0}\max_{k}\frac{xA}{x},$$

把式中的 xA 换成 Ax, 结论亦真.

此公式与第六章所讨论的 Perron-Frobenius 定理 (定理 6.3) 等价. 详见 [23 新版; 定理 2.15 及其脚注]. 在本书的分析中, 常以 C-W 公式代替 Rayleigh 熵方法来估计 $\rho(A)$. 此公式有普适性, 即对于每一正向量 x, 都有下、上界估计:

$$\min_{k}\frac{xA}{x}\leqslant\rho(A)\leqslant\max_{k}\frac{xA}{x}.$$

当且仅当 $x=u$, 即取 A 的最大左特征向量时, 等式成立. 若将 xA 换成 Ax, 则当且仅当 $x=v$, 即 A 的最大右特征向量时, 等式成立. 此公式乃是极大极小化原理, 估计是严格的. 但 Rayleigh 熵乃是一种平均值估计, 仅在充分接近于特征值的情形下有效.

商综 $\frac{y}{x}$ 的一种特殊但有用的情形是: 它是常值非零向量. 这时称**两向量成比例**, 向量的分量的共同值即是比例常数. 例如, 如上的投入产出模型, 取 $x=u$, 即 A 的最大左特征向量, 则

$$y=xA=uA=\rho(A)u,$$

于是 $\frac{y}{x}=\rho(A)\mathbb{1}^*$. 此即 y 与 x 成比例, 比例常数为 $\rho(A)$. 此乃我们的经济模型的核心结论之一.

文 [8; §3~§4] 引进了两种矩阵特征值与特征向量计算的拟对称化技术: 第一、第二拟对称化技术. 前者用于降低矩阵的振幅, 后者的原意是希望降低最大右特征向量的振幅. 但最近我们找到了一般的方法, 可以直接把特征向量拉平, 所以自此之后, 我们将这两个技术更名为**矩阵拟对称化技术**和**特征向量抹平技术**. 以下不再赘述. 本书中我们重点介绍**特征向量抹平技术**, 用于当特征向量振动过大时, 将其换成近乎常值的向量, 如此可大大提高计算精度. 具体操作如下.

通过相似变换

$$\bar{A}:=A_w=D_w^{-1}AD_w=(w^{-1}\otimes w)\odot A \tag{2.8}$$

构造出新的矩阵 A_w, 其中 w 为任一正向量, v 为 A 的最大右正特征向量. 若 w 和 v 足够接近, 则 A_w 的最大右特征向量为接近于常值的向量. 详见引理 11.2.

这些是常用的技巧, 我们将在随后的例证中给出更详细的说明.

第三章　代表性模型: 2000 年

除非另有声明, 本章使用 MatLab 软件, 详细分析 2000 年中国 17 产品的投入产出数据, 数据取自中国投入产出学会网站 http://cioa.ruc.edu.cn/zlxz/trccb/index.htm 中 [IOtable-China–2000.xls] 的“直接消耗系数表”. 该表含 17 种产品, 按照第一章表 1.1 中的数据说明, 取其转置就是我们新模型中的结构矩阵 A, 见表 3.1. 易见此结构矩阵非负不可约. 留心我们选取此表所显示的小数点后 6 位而不是其内含的 15 位数字, 之后的例子对结构矩阵 A 都是相同取法.

应当指出, 这里所用的 2000 年的投入产出表有难得之处, 我们无需做任何调整即可使用. 在多数情况下, 我们常需要做一些调整, 特别是结构矩阵可约的情形, 完全不属于这个理论直接可用的范畴, 需要做些整合、调整. 有关细节请参见第四章的附录.

§3.1　经济的平衡解与稳定性测试

计算 A 的最大特征值 $\rho(A)$ 及其右特征向量 v

我们需要通过计算 A 的最大特征值及其右特征向量, 得出对应的转移概率矩阵 P, 进而求解 P 的最大左特征向量 μ 来实现产品排序与稳定性分析. 为得到精确的 μ, 需要精确的 P, 进而需要精确的 $\rho(A)$ 和 v. 于是, 对 $\rho(A)$ 和 v 常要求很高的计算精度.

在本小节中, 我们将展示两种精细化技术.

1. 第一种精细化技术

使用特征向量抹平技术与三种经典算法: 幂法 (PI)、变动推移的反幂法 (IPI_v) 和固定推移的反幂法 (IPI_f), 求出 v 的近似值, 并计算 $\rho(A)$.

表 3.1　2000 年 17 产品的投入产出矩阵 (省略了整数部分 0)

$$\begin{bmatrix}
.152583 & .001661 & .057124 & .003017 & .003096 & .011592 & .014001 & .093569 & .001927 & .002736 & .016038 & .002155 & .013951 & .019003 & .005315 & .005756 & .018138 \\
.005226 & .039978 & .000254 & .006892 & .008063 & .072928 & .035422 & .045587 & .00757 & .031843 & .08571 & .001863 & .027304 & .022635 & .008744 & .012665 & .008387 \\
.408597 & .003542 & .107639 & .002285 & .02713 & .010428 & .002693 & .027875 & .005015 & .00647 & .008696 & .000564 & .013533 & .040047 & .013412 & .006154 & .001202 \\
.083666 & .002269 & .014226 & .42686 & .008556 & .008605 & .002093 & .086731 & .000995 & .00272 & .013583 & .000675 & .015274 & .053274 & .008226 & .008234 & .00101 \\
.046964 & .011162 & .000693 & .070021 & .215593 & .043527 & .006521 & .084597 & .006495 & .038651 & .031118 & .001043 & .022697 & .059597 & .01172 & .010034 & .003863 \\
.000076 & .131028 & 0 & .002253 & .006371 & .066179 & .135783 & .006226 & .003207 & .004141 & .115948 & .002019 & .03116 & .054882 & .010199 & .020607 & .003853 \\
4\cdot 10^{-6} & .540515 & 0 & .001386 & .00297 & .024805 & .07697 & .015002 & .002927 & .003528 & .024466 & .000743 & .019656 & .024324 & .005227 & .007055 & .00145 \\
.037035 & .026611 & .010305 & .03712 & .018197 & .089851 & .034543 & .376255 & .005566 & .009988 & .022571 & .000852 & .024541 & .037554 & .013081 & .011922 & .002183 \\
.003443 & .064262 & .000942 & .017078 & .070097 & .078088 & .043885 & .074474 & .088324 & .058144 & .051088 & .000923 & .054133 & .069671 & .010678 & .016946 & .002119 \\
.000271 & .068992 & 0 & .003953 & .040792 & .095887 & .055857 & .023273 & .015356 & .331188 & .04643 & .000866 & .043585 & .036018 & .011375 & .023361 & .003206 \\
.000245 & .004786 & .000011 & .005994 & .014065 & .013565 & .008662 & .089587 & .010845 & .1454 & .387332 & .000984 & .019392 & .034256 & .012108 & .010378 & .002648 \\
.003869 & .009641 & .000578 & .00314 & .015803 & .010952 & .077872 & .028055 & .158203 & .141794 & .096622 & .000599 & .069463 & .065047 & .029755 & .007478 & .012904 \\
.001199 & .003675 & .004571 & .005251 & .016086 & .02384 & .109196 & .013495 & .002341 & .004978 & .162543 & .019692 & .039075 & .019845 & .036382 & .015302 & .007312 \\
.053754 & .001117 & .084852 & .013143 & .034504 & .012186 & .021639 & .01983 & .005146 & .003842 & .079739 & .004332 & .031465 & .086322 & .06793 & .041187 & .004776 \\
.004949 & .004252 & .019171 & .018637 & .039656 & .013753 & .032217 & .030113 & .01348 & .006654 & .099692 & .035203 & .055512 & .038513 & .078329 & .041794 & .009786 \\
0 & .000333 & .000121 & .001656 & .022705 & .004224 & .00278 & .001849 & .000803 & .001072 & .033371 & .012044 & .029535 & .016399 & .076654 & .047898 & .004594 \\
.011877 & .005517 & .005292 & .010028 & .048806 & .020332 & .011217 & .070661 & .007116 & .008636 & .062637 & .028669 & .086278 & .048399 & .053174 & .015555 & .027715
\end{bmatrix}$$

(a) 使用**幂法**. 令初向量 $w_0 = \mathbb{1}$, w_n 为方程

$$w_n = A\,v_{n-1}, \quad n \geqslant 1, \qquad v_n = \frac{w_n}{\|w_n\|}, \quad n \geqslant 0$$

的解. 使用 §2.3 所定义的商综, 再令

$$x_n = \max\frac{Av_n}{v_n}, \qquad y_n = \min\frac{Av_n}{v_n}. \tag{3.1}$$

经过 7 步迭代得出

$$\begin{aligned}\{x_n, y_n\}_{n=1}^7 : &\{0.732595565494872, \ \ 0.488955460600670\},\\ &\{0.697713863096355, \ \ 0.585197273409334\},\\ &\{0.674244086340715, \ \ 0.616145460261138\},\\ &\{0.662178231503255, \ \ 0.633926684326558\},\\ &\{0.657047676365965, \ \ 0.642858404956784\},\\ &\{0.655258559565845, \ \ 0.647542076523056\},\\ &\{0.654263907815231, \ \ 0.649503917818249\},\end{aligned}$$

及相对误差 $\varepsilon_n := 1 - y_n/x_n$,

$$\begin{aligned}\{\varepsilon_n\}_{n=1}^7 : &0.332571088837566, 0.161264661114354, 0.086168536375146,\\ &0.042664566475647, 0.021595497434312, 0.011776241500610,\\ &0.007275336359110.\end{aligned}$$

再往下迭代的收敛速度会很慢.

(b) 使用**变动推移的反幂法**加快速度. 我们将特征向量抹平技术中的 w 取为 (a) 中的 v_7, 由 (2.8) 得到 $\bar{A}$. 下面是变动推移的反幂法: 取初始推移 z_0 为 (a) 中的 x_7, 初向量 $w_0 = \mathbb{1}$. 在第 n 步, 令 w_n 为方程

$$(z_{n-1}I - \bar{A})w_n = v_{n-1}, \quad n \geqslant 1, \qquad v_n = w_n/\|w_n\|, \quad n \geqslant 0$$

的解, 其中当 $n \geqslant 2$ 时, 取 $z_{n-1}=x_{n-1}$, 再重新定义 x_n 和 y_n, 为此, 只需将 (3.1) 中的 A 换成 $\bar{A}$. 经过 2 步迭代得出

$$\begin{aligned}\{x_n, y_n\}_{n=1}^2: &\{0.652763811160856,\ \ 0.652728759792977\},\\ &\{0.652755079642268,\ \ 0.652755078156545\},\end{aligned}$$

及相对误差

$$\{\varepsilon_n\}_{n=1}^2: 5.369686137579599\times 10^{-5},\ 2.276080990348817\times 10^{-9}.$$

变动推移的收敛速度很快, 每迭代一步, 精度会提高 3 位左右, 再往下迭代很容易溢出, 于是进入 (c).

(c) 改用收敛速度慢一些但更安全的**固定推移的反幂法**加细计算结果. 顾名思义, 固定推移的反幂法与变动推移的反幂法仅有一处不同: $z_{n-1}\equiv z_0$. 此时使用 (b) 中得到的 x_2+10^{-7} 作为初始推移 z_0 (为了矩阵求逆的安全性, 将初始推移增加 10^{-7}, 避免结果落入不稳定区域). 经过 2 步迭代得出

$$\begin{aligned}\{x_n, y_n\}_{n=1}^2: &\{0.652755079324212,\ \ 0.652755079324211\},\\ &\{0.652755079324212,\ \ 0.652755079324211\},\end{aligned}$$

及相对误差

$$\{\varepsilon_n\}_{n=1}^2: 9.992007221626409\times 10^{-16},\ 6.661338147750939\times 10^{-16}.$$

此时相对误差仅有 10^{-16} 阶, 对应的 v_2 即为 $\bar{A}$ 的最大右特征向量的极好近似.

回忆 A 的最大右特征向量 v, 得出

$$\begin{aligned}&v=D_{v_7}v_2=v_7\odot v_2,\\ &\rho(A)=\rho(\bar{A})=(x_2+y_2)/2=0.652755079324211.\end{aligned}$$

其中, v_2, x_2, y_2 均为 (c) 中的输出结果. 对比 $Av-\rho(A)v$ 的最大主阶, 软件缺省的输出为 10^{-16}, 此时提高到了 10^{-17}.

2. 第二种精细化技术

接下来, 我们介绍另一种思路, 仅用特征向量抹平技术和简单幂法实现最大特征对的计算. 具体步骤如下.

(a) 先使用软件算出 A 的最大右特征对的近似解, 记作 (ρ_0, φ_0).

(b) 取 $w = \varphi_0$, 应用特征向量抹平技术 (2.8) 算出新矩阵 A_1.

(c) 使用幂法计算 A_1 的最大右特征向量, 选初值为 $w_0 = \mathbb{1}$, 令 w_n 为方程

$$w_n = A_1\, v_{n-1}, \quad n \geqslant 1, \qquad v_n = w_n/\|w_n\|, \quad n \geqslant 0$$

的解. 再令

$$x_n = \max \frac{A_1 v_n}{v_n}, \qquad y_n = \min \frac{A_1 v_n}{v_n}.$$

依次迭代输出 w_n, 归一化 v_n, 并计算出 x_n, y_n, 由此导出相对误差 $\varepsilon_n := 1 - y_n/x_n$.

回到 2000 年 17 产品的投入产出数据, 先用软件计算出 A 的最大右特征对为

$$\begin{aligned}
\rho_0 &= 0.652755079324212,\\
\varphi_0 &= (0.130850118152972,\ 0.167395431531202,\ 0.172113423183549,\\
&\quad 0.296197249135504,\ 0.256056339914068,\ 0.212632664255063,\\
&\quad 0.214934339100281,\ 0.301573052340007,\ 0.266745287148582,\\
&\quad 0.328975923945408,\ 0.389512642982222,\ 0.302244613892165,\\
&\quad 0.204360032100354,\ 0.190140993131587,\ 0.206618759725022,\\
&\quad 0.0852134550720783,\ 0.198144449580635).
\end{aligned}$$

进一步由 (2.8) 可以得到新矩阵 A_1. 对 A_1 使用幂法, 我们算出前 3 步的相对误差为

$$\varepsilon_1 = 8.881784197001252 \times 10^{-16}, \quad \varepsilon_2 = 3.330669073875470 \times 10^{-16} = \varepsilon_3.$$

我们之所以选择在第 3 步结束, 是因为从第 2 步开始已经非常稳定. 因此, 原则上以下只需计算 $n=3$ 的情形, 但此处我们把三者都算出来, 用于比较 3 次迭代结果的精度. 为此, 需要计算 3 次迭代所导出的 A 的右特征向量的近似解 $v_n' := \varphi_0 \odot v_n$ 以及最大特征值的估计 $r_n' := (x_n + y_n)/2$. 然后可计算误差:

$$\varepsilon_0' := A\varphi_0 - \rho_0\varphi_0 \quad 及 \quad \varepsilon_n' := Av_n' - r_n'v_n', \quad n = 1, 2, 3.$$

因为每一误差有 17 个分量, 完全写出来有些繁琐. 此处, 我们只写出主阶而略去系数. 下表中的 ★ 表示该处为 0, 其他数值表示形如 10^{-x} 中的 x.

ε_0'	17	17	16	16	★	17	17	17	17	★	17	16	17	16	17	18	16
ε_1'	18	18	17	17	★	18	18	17	18	★	18	★	18	18	17	18	18
ε_2'	18	★	17	17	17	★	18	18	18	18	17	★	18	18	18	18	18
ε_3'	18	18	18	18	17	18	★	17	17	★	17	17	★	18	17	★	18

在此处同时补充使用 Mathematica 软件得到的四个误差结果:

ε_0'	17	17	16	16	17	★	17	17	★	17	16	16	★	16	17	★	17
ε_1'	18	18	17	17	17	18	18	17	★	17	18	★	18	18	★	18	★
ε_2'	18	18	18	17	★	★	18	18	17	18	18	18	★	★	18	★	18
ε_3'	★	18	18	18	18	★	★	★	★	17	18	18	17	18	★	18	★

从以上两个软件计算的结果, 容易看出: 随着 n 的增加, ε_n' 中 ★ 的个数也在增加, 其他数值也普遍增加. 由此可见, 第 3 次迭代的结果是最好的. 此刻, 我们已经利用精细化技术得到了较高精度的 $\rho(A)$ 和 v.

值得注意的是, 对于实际的数据, 上述精细化算法可能会在步骤 (b), (c) 进行循环, 即当 A_1 的最大右特征向量达不到精度时, 重复利用特征向量抹平技术计算出 A_2, 再利用幂法计算出 A_2 的最大右特征对. 以此类推, 直到 A 的最大特征值和对应的右特征向量达到设定的精度为止.

关键是这里的算法比固定推移的反幂法的计算复杂性低. 由 §2.3 中的算符及性质知, 对于特征向量抹平技术可使用软件直接计算. 首先, 系数矩阵:

$$v^{-1} \otimes v = \begin{pmatrix} v^*/v^{(1)} \\ v^*/v^{(2)} \\ \vdots \\ v^*/v^{(d)} \end{pmatrix},$$

变换矩阵:

$$A_1 = (v^{-1} \otimes v) \odot A$$

都可以直接使用软件算出.

我们看到: 第二种精细化技术因为借助了软件, 计算要简化很多. 可惜对于大矩阵, 或元素振幅很大、或不能对称化的矩阵, 此法未必可行. 使用 Mathematica 的软件包“Eigensystem”只能算到 11 阶, 而 MatLab 的软件包“eig”只能算到 50 阶方阵之例见 [8; p. 1087, 1088] (应当指出: [8; p. 1087] 所述“50 阶”更正了所引用的作者们先前文章例 20 (b) 中的“只能算到 172 阶”). 一种特殊特征向量抹平技术完成从 523 阶到 1700 阶方阵之例见 [8; p. 1091, 1092]. 万阶及百万阶方阵的计算见 [6]. 对于后面这些情况, 除非使用其他特殊软件或其他软件包, 就上述两种算法而言, 只能使用第一种精细化技术及其变形. 在文 [6; §3~§4] 中计算方阵的前 6 个特征值, 其中第一个算例是接近 6 万阶方阵的第一个特征值的计算, 使用了 288 次幂法、35 次固定推移的反幂法及 5 次变动推移的反幂法. 这里之所以可以使用反幂法是因为对稀疏矩阵的线性方程组的解有专用的高效算法. 此外, 我们并不可能、也并不需要算出万维向量的全部分量, 因为有些分量太小, 超出机器可读范围, 所以我们还用到 §11.3 所介绍的重排序技巧. 与 MatLab 同时计算前 6 个特征值的专用软件包“eigs”比较, 我们也计算前 6 个特征值. 这解释了上述“变形”的两个含义: 使用特殊算法和重排序技术. 更多信息见 [6].

计算由 A 导出的转移概率矩阵 P 及其平衡解

根据 (2.5) 可以算出 A 对应的转移概率矩阵 P, 见表 3.2 (留心使用 Mathematica 时保留 6 位有效数字, 经核证, 与使用 MatLab 软件的计算结果相同). 特别指出, 从计算的角度看, 使用 (2.5) 后面的张量表

示来计算 P, 降低了计算的复杂性.

1. 第一种精细化技术

使用**固定推移的反幂法**提高由软件计算出来的 P 的最大左特征向量的精度. 套用方程

$$w_n(z_0 I - P) = \mu_{n-1}, \quad n \geqslant 1, \qquad \mu_n = w_n/\|w_n\|, \quad n \geqslant 0,$$

其中 $z_0 = 1 + 10^{-7}, w_0 = \mathbb{1}$. 经 1 步迭代后得到了 P 的最大左特征向量的最优近似, 记为 $\tilde{\mu}$. 经试验, $\tilde{\mu}P - \tilde{\mu}$ 的最大主阶达到 10^{-17}, 已经得到了期望的精度. 对 $\tilde{\mu}$ 的最小分量 (第 17 个) 归一化, 得到 P 的平衡解 (最大左特征向量) 如 (1.1) 所示.

2. 第二种精细化技术

先用软件计算出转置矩阵 P^* 的最大右特征对, 也是 P 的最大左特征对的近似解, 记作 (ρ_0, μ_0).

$$\begin{aligned}
\rho_0 &= 1.000000000000001,\\
\mu_0 &= (0.0676745549514375,\ 0.159359911266964,\ 0.0367993845990780,\\
&\quad 0.176671036960777,\ 0.109948020619422,\ 0.154582665784599,\\
&\quad 0.134820922316611,\ 0.472731515955898,\ 0.0380822916915772,\\
&\quad 0.367398745993373,\ 0.704079316951916,\ 0.0174366578119520,\\
&\quad 0.0915192775428526,\ 0.119425761585043,\ 0.0632662725318538,\\
&\quad 0.0222664166485333,\ 0.0148681497938198).
\end{aligned}$$

对 P^* 使用 (2.8), 取 $w = \mu_0$, 得到新矩阵 P_1. 对 P_1 使用幂法, 我们算出前 6 步的相对误差为

$$\begin{aligned}
\{\varepsilon_n\}_{n=1}^{6}: &2.553512956637860\times 10^{-15},\ 8.881784197001252\times 10^{-16},\\
&5.551115123125783\times 10^{-16},\ 5.551115123125783\times 10^{-16},\\
&5.551115123125783\times 10^{-16},\ 2.220446049250313\times 10^{-16}.
\end{aligned}$$

往后的相对误差开始发生混沌现象, 我们选择在第 6 次结束, 记第 6 次迭代结果为 μ_6, x_6 和 y_6. 因此 P 的最大左特征对的近似解为

$$r_6' := \frac{x_6 + y_6}{2} = 1, \quad \mu_6' := \mu_0 \odot \mu_6.$$

此时的误差 $\varepsilon_6' := \mu_6' P - r_6' \mu_6'$ 的精度非常高, 结果如下.

ε_6'	★	18	18	18	★	★	17	17	18	★	★	19	18	18	18	★	19

对 μ_6' 的最小分量 (第 17 个) 进行归一化处理后, 得到 P 的平衡解如 (1.1) 所示.

两种精细化技术得到的 P 的平衡解相同. 平衡解图见图 1.3.

稳定性测试

选取 P 的平衡解的小数点后 2 位、有效位数不少于 4 位的近似:

$$\mu_0 = (4.552,\ 10.72,\ 2.475,\ 11.88,\ 7.395,\ 10.40,\ 9.068,\ 31.79,\ 2.561,\ 24.71,\ 47.35,\ 1.173,\ 6.155,\ 8.032,\ 4.255,\ 1.498,\ 1.\dot{0}).$$

经过模型 (2.7) 迭代, 计算出经济系统在不同的消费参数 α 下的崩溃时间与崩溃产品, 如表 1.7 所示.

前面我们已经指出, 经济系统稳定性的核心是保持平衡, 也就是说各产品之间科学地、按比例发展. 对于 2000 年 17 产品, 我们在第一章 §1.2 引入商综的概念, 从图 1.6 可以看出, 在消费参数 $\alpha = 7/12$ 的情况下, 前 14 次迭代的最大商综和最小商综几乎重叠, 第 15 次迭代开始出现分叉并逐步扩大, 直到第 21 次迭代最小商综出现负值, 因此图 1.6 展示了经济系统从稳定走向崩溃的全过程. 对应于表 1.7, 经济系统于第 21 年 (迭代 21 次) 时在排名第 17 的 17 号产品 “其他服务业” 处崩溃.

表 3.2 2000 年 17 产品的转移概率矩阵 (省略了整数部分 0)

$$
\begin{bmatrix}
.233752 & .00325528 & .115109 & .0104624 & .00928137 & .0288579 & .0352323 & .33037 & .00601803 & .0105379 & .0731387 & .00762573 & .0333793 & .0423032 & .0128573 & .00574255 & .0420772 \\
.0062582 & .061245 & .000400087 & .0186824 & .0188946 & .141916 & .0696763 & .125817 & .0184799 & .0958703 & .305534 & .00515321 & .0510656 & .0393879 & .0165343 & .00987687 & .0152088 \\
.475887 & .00527749 & .1649 & .00602424 & .061833 & .0197363 & .00515202 & .0748243 & .011907 & .0189454 & .0301492 & .0015173 & .0246164 & .0677768 & .024666 & .00466768 & .00211993 \\
.0566229 & .00196448 & .0126639 & .653936 & .0113312 & .00946345 & .00232672 & .135281 & .00137274 & .00462809 & .0273644 & .00105519 & .0161442 & .0523914 & .00879078 & .00362901 & .00103508 \\
.0367666 & .0111789 & .000713612 & .124086 & .330282 & .0553736 & .0083856 & .152638 & .0103655 & .0760745 & .0725183 & .00188607 & .027751 & .0677976 & .0144881 & .0051156 & .00457953 \\
.0000716486 & .158026 & 0 & .00480797 & .0117534 & .101384 & .210267 & .0135276 & .00616333 & .00981497 & .32539 & .00439658 & .0458789 & .075184 & .0151826 & .0126515 & .00550048 \\
3.73059\cdot 10^{-6} & .644904 & 0 & .00292609 & .00542046 & .0375935 & .117916 & .0322467 & .00556498 & .0082725 & .0679248 & .00160063 & .0286309 & .0329651 & .00769779 & .00428498 & .00204783 \\
.0246175 & .0226288 & .0090099 & .055853 & .0236697 & .0970533 & .0377158 & .576411 & .00754218 & .0166917 & .0446611 & .00130814 & .0254768 & .0362735 & .0137299 & .00516077 & .00219732 \\
.0025874 & .0617804 & .000931148 & .0290517 & .103083 & .0953602 & .054172 & .128988 & .13531 & .109856 & .114286 & .00160219 & .0635347 & .0760818 & .0126711 & .00829332 & .00241138 \\
.000165131 & .0537809 & 0 & .00545247 & .0486403 & .0949457 & .0559074 & .0326836 & .0190748 & .507369 & .0842182 & .00121888 & .0414781 & .0318919 & .0109448 & .00927012 & .00295822 \\
.000126086 & .00315097 & 7.44622\cdot 10^{-6} & .00698274 & .0141646 & .0113443 & .00732238 & .106259 & .0113777 & .188129 & .59338 & .00116972 & .0155864 & .0256177 & .00983944 & .00347816 & .00206361 \\
.00256604 & .00818007 & .000504236 & .00471413 & .02051 & .0118036 & .0848356 & .0428839 & .213896 & .236436 & .190761 & .000917649 & .0719516 & .0626894 & .0311617 & .00322987 & .0129598 \\
.00117611 & .00461163 & .00589766 & .0116594 & .0308772 & .0380006 & .175941 & .0305084 & .00468114 & .0122764 & .474617 & .0446172 & .0598617 & .0282866 & .0563521 & .00977485 & .0108611 \\
.0566707 & .00150651 & .117666 & .0313653 & .0711834 & .0208769 & .0374729 & .0481825 & .0110596 & .0101835 & .250246 & .0105492 & .0518081 & .132243 & .113085 & .0282776 & .00762466 \\
.00480144 & .00527736 & .0244647 & .0409296 & .0752878 & .0216824 & .0513418 & .0673328 & .0266604 & .0162303 & .287913 & .0788893 & .0841129 & .0542954 & .119998 & .026406 & .014377 \\
0 & .00100214 & .000374405 & .00881826 & .10452 & .0161471 & .0107422 & .0100247 & .00385083 & .00634016 & .233686 & .0654442 & .108511 & .0560576 & .284738 & .0733782 & .0163649 \\
.0120157 & .00714027 & .0070421 & .0229648 & .0966221 & .0334255 & .0186402 & .164756 & .0146758 & .0219657 & .188634 & .0669945 & .136321 & .0711508 & .0849448 & .0102482 & .0424585
\end{bmatrix}
$$

§3.2 产品等级序与分类及经济预测与调控

产品的等级序与分类

在本节中, 使用 μ 而不是 u 对产品进行排序有可靠的理论依据和经济学意义, 详见 §8.1. 于是得到 2000 年 17 产品的等级序, 如表 3.3 所示, 也见表 1.6 和图 1.3.

以 0.01, 0.05 和 0.5 为阈值, 利用累积 (概率) 分布函数 $F(n)$ 对 2000 年 17 产品进行分类:

- *拳头产品*: $F(n) \geqslant 0.5$, 对应 3 个产品, 产品等级序为 1–3;
- *弱势产品 (一)*: $F(n) \leqslant 0.01$, 对应 1 个产品, 产品等级序为 17;
- *弱势产品 (二)*: $F(n) \in (0.01, 0.05]$, 对应 4 个产品, 产品等级序为 13–16;
- *中间产品*: 其他情形.

由此, 得到对应的累积 (概率) 分布函数图 (图 1.4). 排名第 17 的 17 号产品“其他服务业”显然属于“弱势产品”, 这和图 1.4 对应的结果也是一致的.

经济预测与调控

经济增速 (记为 δ) 等于最佳发展速度 $\rho(A_\alpha)^{-1}$ (详见定理 6.5 (1)) 减 1, 由 (2.3), 得

$$\delta = \frac{1}{\rho(A_\alpha)} - 1 = \frac{1}{(1-\alpha)\rho(A) + \alpha} - 1. \tag{3.2}$$

在已知 $\rho(A)$ 的情况下, 根据经济增速的 8 种不同取值: 3%, 4%, 5%, 6%, 7%, 8%, 9%, 10%, 可先计算出消费参数 α, 从而得到消费倍数 γ_α, 如表 1.8 所示. 在已知当前投入产综 x_0 (即 A 的最大左特征向量 u) 的情况下, 再由推论 9.1 和推论 9.3 可得表 1.10 中的结果.

表 3.3 2000 年 17 产品的等级序

产品序号	产品名称	等级 (P)	分类
1	农业	11	
2	采掘业	5	
3	食品制造业	14	弱势产品
4	纺织、缝纫及皮革产品制造业	4	
5	其他制造业	9	
6	电力及蒸汽、热水生产和供应业	6	
7	炼焦、煤气及石油加工业	7	
8	化学工业	2	拳头产品
9	建筑材料及其他非金属矿物制品业	13	弱势产品
10	金属产品制造业	3	拳头产品
11	机械设备制造业	1	拳头产品
12	建筑业	16	弱势产品
13	运输邮电业	10	
14	商业饮食业	8	
15	公用事业及居民服务业	12	
16	金融保险业	15	弱势产品
17	其他服务业	17	弱势产品

§3.3 经济结构优化

我们所讨论的优化问题是: 对于给定的原结构矩阵 A 和新的目标产综 $\tilde{u}$, 如何构造出新的结构矩阵 $\tilde{A}$, 它以 $\tilde{u}$ 为最大左特征向量?

在理论上可以证明: 具有最大左特征对 $(\rho(A), u)$ 的结构矩阵 A 关于目标产综 $\tilde{u}$ 的优化矩阵 $\tilde{A}$ 可由以下关系式给出.

$$\frac{\widetilde{A}}{\rho(\widetilde{A})} = D_w^{-1}\frac{A}{\rho(A)}D_w = (w^{-1}\otimes w)\odot\frac{A}{\rho(A)}, \quad w := \widetilde{u}\odot u^{-1}. \tag{3.3}$$

为实现经济结构优化, 一种最重要的简单做法是: 在保持经济增速不变 ($\rho(\widetilde{A})=\rho(A)$) 的前提下, 令优化系数矩阵为

$$w^{-1}\otimes w =: H=(h_{ij}), \qquad w:=\tilde{u}\odot u^{-1}, \tag{3.4}$$

自此以后, 常将 (2.4) 中所定义的 H_w 简写为 H. 那么

$$\tilde{A}=(w^{-1}\otimes w)\odot A=H\odot A$$

为目标产综 $\tilde{u}$ 对应的新结构矩阵, 也称为优化基本解.

将上述方法应用于更实际的带消费的模型, 只需将结构矩阵 A 换成 $A_\alpha=(1-\alpha)A+\alpha I,\ \alpha\in(0,1)$. 经结构优化后对应于目标产综 $\tilde{u}$ 的新结构矩阵为

$$\tilde{A}_\alpha=(w^{-1}\otimes w)\odot A_\alpha=H\odot A_\alpha. \tag{3.5}$$

接下来, 我们在 §1.4 中两产品经济结构优化方法的基础上, 通过增加 2000 年 17 产品中的“弱势产品”的投入来实现经济结构的优化.

根据表 3.3, 找出排在最后一位的“弱势产品”(17 号产品“其他服务业”), 我们希望在不影响经济稳定性的前提下将这个“弱势产品”增加投入为原来的 1.1 倍. 这时只需将原平衡解 u 中第 17 个分量改为原数值的 1.1 倍, 便得到新的平衡解 $\tilde{u}$. 根据 u 和 $\tilde{u}$, 可计算出对应的优化系数矩阵:

$$h_{ij}=(w^{-1}\otimes w)_{ij}=\begin{cases}11/10, & i=1,2,\cdots,16,\ j=17,\\ 10/11, & j=1,2,\cdots,16,\ i=17,\\ 1, & \text{其他}.\end{cases}$$

由此得到优化基本解 $\tilde{A}_\alpha$.

注意到 (3.3) 最左边含有一个自由度 (详见 (10.4)). 经济系统的核心是“平衡”, 我们希望通过选取参数 $\kappa\ (\kappa>0)$ 的最优解, 使得在

$\kappa\tilde{A}_\alpha$ 与 A_α 的偏差尽可能小的前提下, 对基本解 $\tilde{A}_\alpha$ 再进行优化调整. 分别用以下距离 (范数) 考虑 $\kappa\tilde{A}_\alpha$ 与 A_α 的偏差 (详见 §10.2).

(1) $\boldsymbol{\ell^\infty}$ 距离 (一致 (上确界) 范数或 $\boldsymbol{\ell^\infty}$ 范数: 均为向量用法)

简记 $a \vee b = \max\{a, b\}$, 用 ℓ^∞ 范数优化的思想是 "从最坏中选最好的", 是寻找使偏差

$$\|\kappa\widetilde{A}_\alpha - A_\alpha\|_\infty = K_1(\kappa,\alpha) \vee K_2(\kappa,\alpha)$$

达最小值时的 $\kappa^*(\alpha)$, 即为 ℓ^∞ 范数意义下的最优解. 其中,

$$\begin{aligned} K_1(\kappa,\alpha) &= \big((1-\alpha)\bigvee_i a_{ii} + \alpha\big)|\kappa - 1|, \\ K_2(\kappa,\alpha) &= (1-\alpha)\bigvee_{i\neq j} |\kappa h_{ij} - 1|\, a_{ij}. \end{aligned} \tag{3.6}$$

(2) $\boldsymbol{\ell^2}$ 距离 ($\boldsymbol{F}$ 范数: 矩阵用法; 亦称 $\boldsymbol{\ell^2}$ 范数: 向量用法)

用 ℓ^2 范数优化的思想是 "平均" (略去一个常数因子), 是寻找使偏差

$$\|\kappa\widetilde{A}_\alpha - A_\alpha\|_F^2 = \sum_{i,j} |\kappa\widetilde{a}_{ij}(\alpha) - a_{ij}(\alpha)|^2$$

达最小值时的 $\bar{\kappa}(\alpha)$, 即为 ℓ^2 范数意义下的最优解. 此时

$$\bar{\kappa}(\alpha) = \frac{\langle\widetilde{A}_\alpha, A_\alpha\rangle}{\|\widetilde{A}_\alpha\|_F^2}, \tag{3.7}$$

其中, $\langle\widetilde{A}_\alpha, A_\alpha\rangle = \sum\limits_{i,j}\tilde{a}_{ij}(\alpha)a_{ij}(\alpha)$ 为欧氏内积. 进而

$$\|\bar{\kappa}(\alpha)\tilde{A}_\alpha - A_\alpha\|_F = \left[\|A_\alpha\|_F^2 - \frac{\langle\tilde{A}_\alpha, A_\alpha\rangle^2}{\|\tilde{A}_\alpha\|_F^2}\right]^{1/2},$$

与 $\bar{\kappa}(\alpha)$ 无关.

需要说明的是, 对于有限阶矩阵 (等价地, 有限维空间), 各种范数都相互等价, 只是可相差一个正常数因子. 为了与 ℓ^∞ 范数作对比,

需对 ℓ^2 范数做某种归一化处理, 于是引入平均 F 范数.

(3) 平均 *F* 范数

$$\|\cdot\|_{F,2}=\left(\frac{\|\cdot\|_F^2}{n^2}\right)^{1/2}=\frac{1}{n}\|\cdot\|_F\ (\text{假定矩阵的阶为 } n).$$

此时, 使上式达最小值时的 κ 与 (2) 中的 $\bar{\kappa}(\alpha)$ 相同, 进而

$$\|\bar{\kappa}(\alpha)\tilde{A}_\alpha-A_\alpha\|_{F,2}=\frac{1}{n}\left[\|A_\alpha\|_F^2-\frac{\langle\tilde{A}_\alpha,A_\alpha\rangle^2}{\|\tilde{A}_\alpha\|_F^2}\right]^{1/2}.$$

在后面的讨论中, 我们都基于平均 F 范数和 ℓ^∞ 范数两种度量来刻画 $\kappa\tilde{A}_\alpha$ 与 A_α 的偏差.

回到 2000 年 17 产品的投入产出实例, 我们将排在最后一名的"弱势产品"增加投入为原来的 1.1 倍.

首先, 考虑平均 F 范数. 由 (3.7) 直接得到的最优解 $\bar{\kappa}(\alpha)$ 随 α 的增大而不断减小, 如图 3.2 (a) 下方的 $\bar{\kappa}(\alpha)$ 曲线所示, 进而得出 $\bar{\kappa}(\alpha)\tilde{A}_\alpha$ 与 A_α 的平均 F 范数偏差, 见图 3.2 (b) 下方的曲线.

其次, 考虑 ℓ^∞ 范数. 此时要困难一些, 因为一般情况下并无类似于上一情形 (3.7) 的显式解. 好在 (3.6) 右边是 α 的单变量连续函数, 这是一个单变量极值问题. 寻找其极值的数值解, 使用常用软件均可处理. 接下来计算 $\kappa^*(\alpha)$.

对目前的模型, (3.6) 化简为

$$\begin{aligned}
K_1(\kappa,\alpha)&=\big(\zeta_1(1-\alpha)+\alpha\big)|\kappa-1|=:f(\kappa,\alpha),\\
K_2(\kappa,\alpha)&=[\zeta_2\,(1-\alpha)|11\kappa/10-1|]\vee[\zeta_3\,(1-\alpha)|10\kappa/11-1|]\\
&\qquad\vee[\zeta_4\,(1-\alpha)|\kappa-1|]\\
&=:g(\kappa,\alpha)\vee h(\kappa,\alpha)\vee\ell(\kappa,\alpha).
\end{aligned}$$

其中 ζ_1 表示结构矩阵 A 的对角线元素的最大值, ζ_2 表示 A 的第 17 列元素 (除对角线元素) 的最大值, ζ_3 表示 A 的第 17 行元素 (除对角线元素) 的最大值, ζ_4 表示 A 的剩余元素的最大值.

即

$$\begin{aligned}K_1(\kappa,\alpha) &= \big(0.42686(1-\alpha)+\alpha\big)|\kappa-1| =: f(\kappa,\alpha),\\ K_2(\kappa,\alpha) &= [0.018138\,(1-\alpha)|11\kappa/10-1|]\\ &\quad \vee [0.086278\,(1-\alpha)|10\kappa/11-1|]\\ &\quad \vee [0.540515\,(1-\alpha)|\kappa-1|]\\ &=: g(\kappa,\alpha)\vee h(\kappa,\alpha)\vee \ell(\kappa,\alpha).\end{aligned}$$

图 3.1 (横轴为 κ) 描述了固定 α 时, 在 $\kappa \in (10/11, 11/10)$ 上函数 $f(\kappa,\alpha)$ (红色)、$g(\kappa,\alpha)$ 和 $h(\kappa,\alpha)$ (蓝色)、$\ell(\kappa,\alpha)$ (黑色) 曲线随 α 取值不同的变化情况. 对于不同的 α, $K_1\vee K_2$ 的图像如图 3.1 中加粗部分所示. 通过计算, 并从图中可以看到:

(i) 当 $0<\alpha<0.1020558$ 时, 我们有图 3.1 (a): $K_1\vee K_2 = K_2$, K_2 的最小值点是方程 $h(\cdot,\alpha)=\ell(\cdot,\alpha)$ 在区间 $(1, 11/10)$ 上的根.

(ii) 当 $\alpha = 0.1020558$ 时, 我们有图 3.1 (b): $K_1\vee K_2$ 的最小值点与情况 (i) 相同.

(iii) 当 $0.1020558<\alpha<1$ 时, 我们有图 3.1 (c): $K_1\vee K_2$ 的最小值点是方程 $f(\cdot,\alpha)=h(\cdot,\alpha)$ 在区间 $(1, 11/10)$ 上的根.

由此可以得到 ℓ^∞ 范数下的最优解 $\kappa^*(\alpha)$.

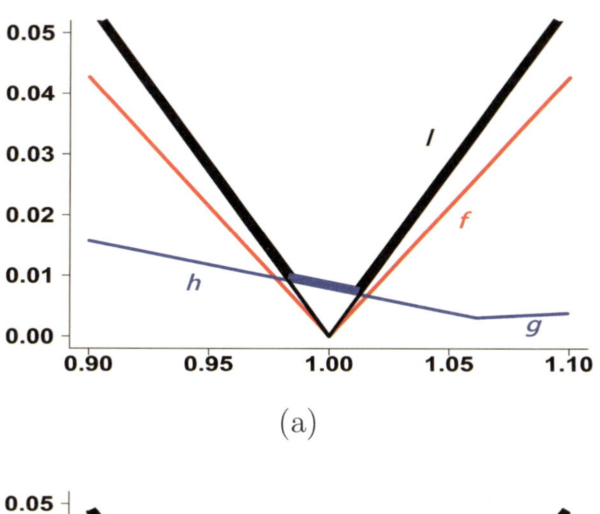

(a)

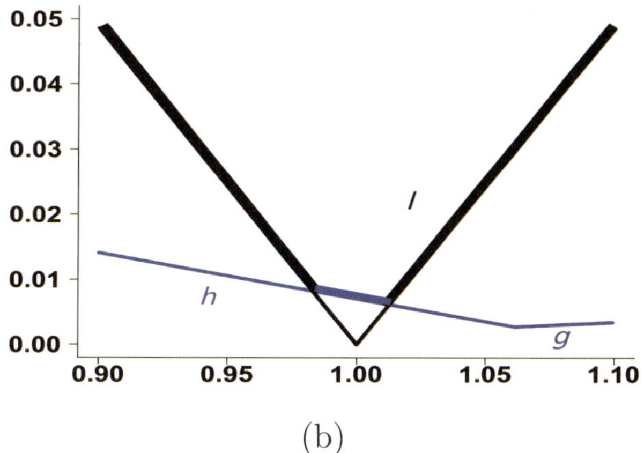

(b)

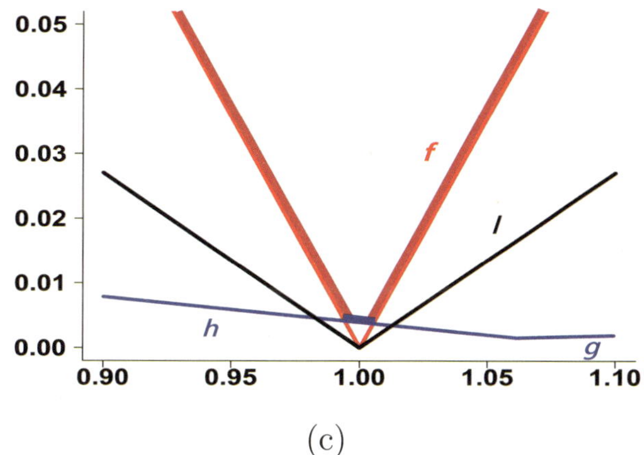

(c)

图 3.1 寻找最优解 $\kappa^*(\alpha)$

图 3.2 (a) 展示了两种范数下最优解 $\kappa^*(\alpha)$ 和 $\bar{\kappa}(\alpha)$ 的图像, 可见两个最优解均随着 α 的增大而不断减小. 当 $\alpha \to 1$ 时, $\bar{\kappa}(\alpha)$ 和 $\kappa^*(\alpha)$ 都趋近于 1.

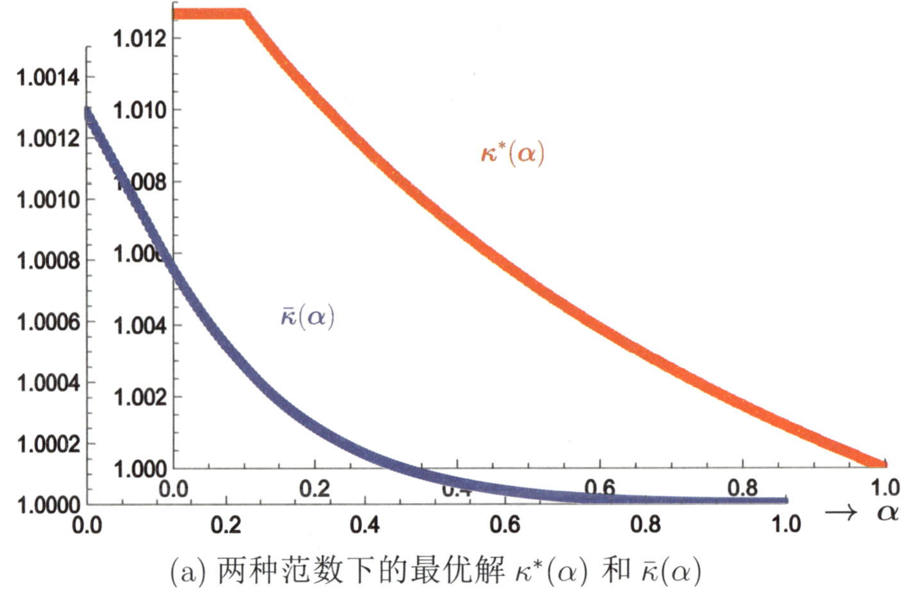

(a) 两种范数下的最优解 $\kappa^*(\alpha)$ 和 $\bar{\kappa}(\alpha)$

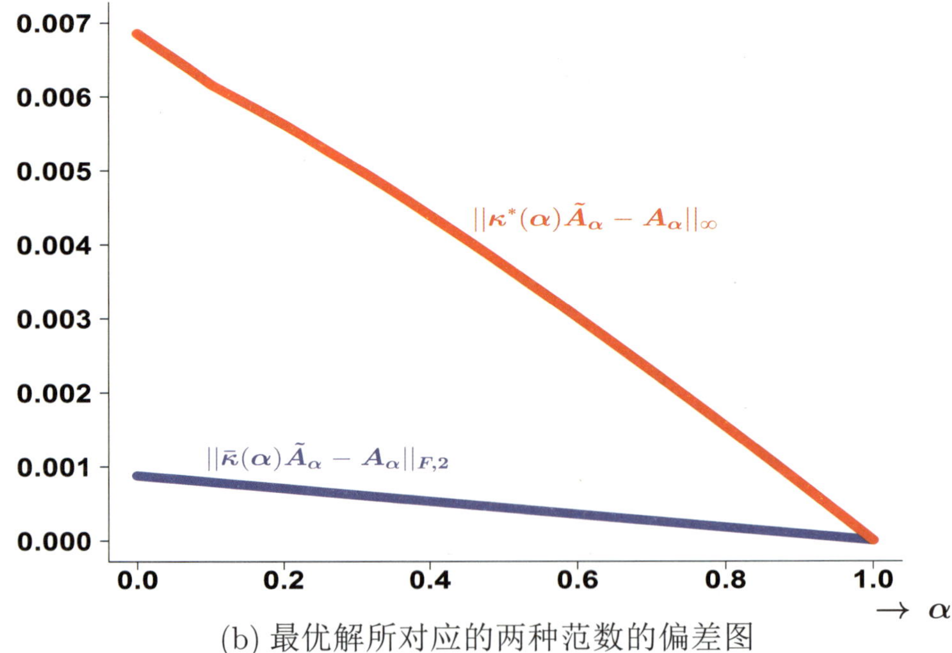

(b) 最优解所对应的两种范数的偏差图

图 3.2 两种范数下的最优解及其所对应的两种范数的偏差

图 3.2 (b) 展示了两种范数的偏差随 α 的变化情况. 随着 α 的不断增加, 两种范数之间的差别越来越小. 两者的最大差距也只不过是 0.006.

需要说明的是, 虽然在给定 α 下, 通过数值计算, 参数 κ 在给定区间 $(10/11, 11/10)$ 上的最优解 $\bar{\kappa}(\alpha)$ 和 $\kappa^*(\alpha)$ 均略大于 1, 使得经济的发展速度略有下降, 但整体来说在保持相同稳定性的前提下, 经调整以后的经济结构更优.

这里要注意的是: 对于上述结构优化, 我们只讨论对排在最后一位的“弱势产品”的优化调整. 我们也尝试对排序后 5 位的产品增加相同倍数的投入. 这两种调整所得出的结果: 最优解的图形和范数偏差的图形都相似. 但实际情况要复杂得多, 可能对“弱势产品”中的不同产品增加不同比例的投入, 也有可能对“拳头产品”中的个别产品再增大投入等, 我们可以利用上述优化思路进行更深入的探讨.

最后, 根据对产品调整的幅度, 我们可以给出优化系数矩阵 $(w^{-1}\otimes w)$ 元素的最大值和最小值. 从几何角度来看, 目标产综 $\tilde{u}$ 和原产综 u 这两个向量的夹角可以通过 (3.8) 计算得到, 结果如表 3.4 所示.

表 3.4 $(w^{-1}\otimes w)$ 的振幅及 $\tilde{u}$ 与 u 的夹角

τ	r	$\max(w^{-1}\otimes w)$	$\min(w^{-1}\otimes w)$	θ
1.1	1	1.100000	0.909091	0.002322
	5			0.011620

表 3.4 的第 1 列表示将排在末尾的产品的投入调整为原来的 τ 倍, 第 2 列表示对排名后 r 位的产品进行投入调整, 第 3, 4 列表示优化系数矩阵元素的最大值与最小值, 第 5 列表示目标产综与原产综的夹角:

$$\theta = \arccos\frac{u\tilde{u}^*}{|u||\tilde{u}|},\qquad |u| := \sqrt{uu^*}. \tag{3.8}$$

易见, θ 越小表示两者越接近. 从表 3.4 可以看出, $(w^{-1}\otimes w)$ 的振幅变化并不大, 只是随着产品调整数量的增加, θ 自然会增大.

第四章　三个典型模型

由于 2007, 2012 和 2017 年中国 42 种产品比较相似, 所以将它们放在同一章节来处理, 以利于相互比较和综合分析. 这三年的投入产出数据分别来自 [32~34], 均由中国统计出版社出版, 由国家统计局国民经济核算司编制. 因为我国每五年编制一次投入产出表, 通常每次制表时都有所调整. 我们选取 2012 年 42 产品的表为基准.

这三个年度总共跨越了 15 年, 其投入产出表的产品名称不完全一致. 在接下来的实证研究过程中, 为了整体对比分析这三年 42 产品的投入产出数据, 我们分别对 2007 年 135 产品和 2017 年 149 产品进行合并重组, 得到与 2012 年 42 产品名称一致的新的"基本流量表", 再将经调整后的"基本流量表"转换为"直接消耗系数表". 具体方法见本章附录一.

我们分别用三种不同的软件来展示这三份投入产出数据的分析结果, 并在 §4.4 对三份数据进行对比分析. 首先介绍 2012 年中国 42 产品模型.

§4.1　2012 年中国 42 产品模型

本节结果是使用 Mathematica 软件计算所得. 我们采用的是 2012 年 42 产品投入产出表 [33] (兼顾了该年 139 产品投入产出表), 该数据也可取自中国投入产出学会网站 http://cioa.ruc.edu.cn/zlxz/trccb/index.htm 中 [IOtable-China–2012.xls] 的"直接消耗系数表", 使用的结构矩阵 A 是该表中 42 种产品构成的方阵的转置, 且满足非负不可约. 所关心的 42 种产品见表 4.9.

经济的平衡解与稳定性测试

首先, 我们需要由结构矩阵 A 计算出转移概率矩阵 P, 为此, 需要计算 A 的最大特征值 $\rho(A)$ 及其右特征向量 v. 为保证后面计算的可靠性, 要求它们有较高的精度. 然而, 对于 Mathematica 而言, 此矩阵的阶数不低, 使用反幂法有困难, 所以我们使用软件的缺省算法, 将计算精度预设 (SetPrecision) 为 18 位 (Mathematica 拥有预设千位计算精度的特殊功能), 得出下述结果.

$\rho(A) = 0.673843108539483593,$

$v = (1.82676495551662166,\ 2.74776753553026376,\ 2.34725854354754215,$
$3.57806929557328424,\ 3.46554688254942578,\ 2.71774755066559681,$
$4.48366551130550661,\ 4.65155571030367554,\ 4.58648582248245784,$
$4.64757537072915827,\ 3.23454074097149347,\ 4.97202774363033573,$
$4.44755926249872147,\ 4.91501065230341716,\ 5.46374414210897186,$
$6.03781735588523638,\ 5.94620217135840168,\ 6.21028244323377088,$
$6.30615626775512172,\ 7.91348913680936406,\ 6.50755631049315220,$
$4.92612630363205639,\ 1.21650906178849527,\ 5.97080785367710209,$
$4.04840201041454240,\ 3.04318217630673571,\ 2.87990578184028490,$
$4.80822627422019977,\ 1.39224883900593732,\ 3.20212244913737720,$
$2.23315084300877187,\ 3.45186621339085820,\ 1.71867520071117452,$
$1.\dot{0},\ 3.99526895583415742,\ 4.12962246754196904,$
$3.04804388271425530,\ 2.87861241818218572,\ 1.24000054254709635,$
$3.69267196904746120,\ 2.40793897752255059,\ 1.98882034060220558).$

其次, 由 (2.5) 算出转移概率矩阵 P 及其最大左特征向量 μ, 再关于 μ 的最小分量 (第 39 个) 归一化, 依然采用预设 18 位精度的缺省算法, 得到:

$\mu = (86.580700002294118,\ 126.420103472689247,\ 114.232490934845199,$
$119.194389423992561,\ 39.5134518598536163,\ 96.364873302800382,$
$87.553799276839643,\ 22.7106641857502983,\ 33.2221039460928966,$
$95.947870905359831,\ 168.577447221426273,\ 656.65110539297994,$
$66.656947282342658,\ 508.95334289739643,\ 107.283070238506256,$

147.334591872794682, 71.867388047919366, 110.361579118273720, 162.406944760452497, 406.728847027836107, 46.9610215444537009, 7.5159942021898874, 10.5537382068836699, 7.4237873835809267, 301.612267054838769, 5.1239923588113495, 2.63766562538306405, 20.4427836200320443, 49.447464912283192, 142.405036517463950, 23.1888917282271772, 23.2205892592987580, 82.378595453184308, 9.4212684872085028, 117.027023350399495, 53.357498377408739, 5.4877966458081118, 18.0161722355028708, $1.\dot{0}$, 1.05195211877342675, 6.1634087931944729, 1.99841439886250670).

计算 $\mu P-\mu$, 诸分量的主阶均不大于 10^{-15}. μ 即为 P 的平衡解. 由此得出表 4.9 中 2012 年的等级序. 平衡解的图像见图 1.7 中的蓝色曲线.

这里给出关于初值 μ_0 的两种不同的近似取法 $\{\mu_0^{(j)}\}_{j=1}^2$: 第一种取 μ 的 8 位有效值; 第二种取 μ 的小数点后 2 位、有效位数不少于 4 位, 分别记为:

$\mu_0^{(1)}$= (86.5807, 126.4201, 114.23249, 119.19439, 39.513452, 96.364873, 87.553799, 22.710664, 33.222104, 95.947871, 168.57745, 656.65111, 66.656947, 508.95334, 107.28307, 147.33459, 71.867388, 110.36158, 162.40694, 406.72885, 46.961022, 7.5159942, 10.553738, 7.4237874, 301.61227, 5.1239924, 2.6376656, 20.442784, 49.447465, 142.40504, 23.188892, 23.220589, 82.378595, 9.4212685, 117.02702, 53.357498, 5.4877966, 18.016172, $1.\dot{0}$, 1.051952, 6.1634088, 1.9984144).

$\mu_0^{(2)}$=(86.58, 126.42, 114.23, 119.19, 39.51, 96.36, 87.55, 22.71, 33.22, 95.95, 168.58, 656.65, 66.66, 508.95, 107.28, 147.33, 71.87, 110.36, 162.41, 406.73, 46.96, 7.516, 10.55, 7.424, 301.61, 5.124, 2.638, 20.44, 49.45, 142.41, 23.19, 23.22, 82.38, 9.421, 117.03, 53.36, 5.488, 18.02, $1.\dot{0}$, 1.051, 6.163, 1.998).

$\tilde{\mu}_0^{(2)}$= 只是将 $\mu_0^{(2)}$ 的第 40 个分量改为 1.052.

对于不同的消费参数 α, 稳定性测试结果如表 4.1 所示.

表 4.1 2012 年 42 产品的稳定性新测试

$T^+_{\mu_0}$ \ α μ_0	$\frac{7}{12}$	$\frac{2}{3}$	$\frac{3}{4}$	$\frac{4}{5}$	$\frac{5}{6}$
$\mu_0^{(1)}$	40 ㉕	56 ㉕	80 ㊶	103 ㊶	127 ㊶
$\mu_0^{(2)}$	18 ㊶	25 ㊶	35 ㊶	46 ㊶	56 ㊶
$\tilde{\mu}_0^{(2)}$	22 ⑦	29 ㉝	42 ⑦	55 ⑦	67 ⑦

表 4.1 中的 $T^+_{\mu_0}$ 表示崩溃时, 定义见推论 8.2. 此表的头两行表明, 经济系统会在等级排名第 41 和第 25 的产品处崩溃 (留意排名第 25 的产品属中间产品, 但乃是局部极小点). 留心 $\mu_0^{(2)}$ 与 $\tilde{\mu}_0^{(2)}$ 仅第 40 个分量相差 0.001, 此处是“歪打正着”. 原设计应为后者, 但其稳定性测试差得多, 其中 ⑦ 表示 ㉜㉝. 这展示出经济系统的极端敏感性.

利用商综的方法阐述上述稳定性测试结果. 以 $\alpha = 7/12$, $n = 18$ 为例证, 得到如图 4.1 所示的 $(p(n), q(n))$, 其中 $p(n)$ 和 $q(n)$ 表示商综 $\mu_{n-1}P_\alpha^{-1}/\mu_{n-1}$ 元素的最大、最小值. 从图 4.1 可以看出, 前 11 次迭代的 $p(n)$ 和 $q(n)$ 几乎重叠, 从第 12 次迭代开始出现分叉并逐步扩大, 直到第 18 次迭代 $q(n)$ 出现负值. 对应于表 4.1, 经济系统于第 18 年 (迭代 18 次) 时在排名第 41 的 40 号产品“卫生和社会工作”处崩溃.

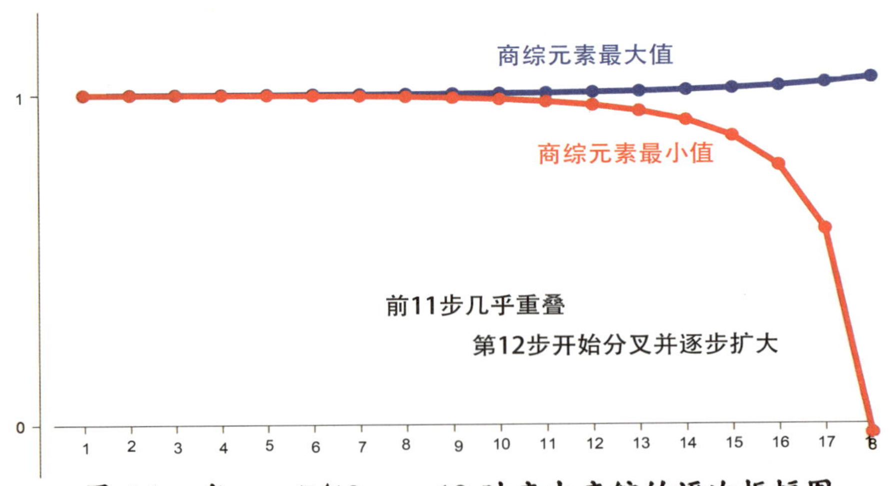

图 4.1 当 $\alpha = 7/12, n = 18$ 时产出产综的逐次振幅图

经济预测与调控

2012 年 42 产品的经济增速 δ 与消费倍数 $\gamma(\delta)$ (详见小结 9.4, 以后不再重述) 之间的关系如表 4.2 所示.

表 4.2 2012 年 42 产品不同经济增速下的消费倍数

δ	3%	4%	5%	6%	7%	8%	9%	10%
$\gamma(\delta)$	10.20	7.48	5.85	4.76	3.99	3.40	2.95	2.59

分别在“拳头产品”“中间产品”“弱势产品”中各取一种产品代表, 它们分别是排名第 1 的产品 x“化学产品”、排名第 21 的产品 y“非金属矿物制品”、排名第 42 的产品 z“教育”. 给出这三种产品在不同经济增速下的第一年产出产综、可用消费量和可消费比例的结果, 见表 4.3.

表 4.3 不同增速下的第一年产出产综、可用消费量和可消费比例

经济增速	产品	产出产综	可用消费量	可消费比例
3%	x	0.562306	0.167022	0.297031
	y	0.063811	0.018954	
	z	0.003434	0.00102	
4%	x	0.567765	0.163343	0.287695
	y	0.064431	0.018536	
	z	0.003467	0.000997	
5%	x	0.573225	0.159665	0.278538
	y	0.06505	0.018119	
	z	0.0035	0.000975	
6%	x	0.578684	0.155986	0.269553
	y	0.06567	0.017701	
	z	0.003534	0.000952	
7%	x	0.584143	0.152307	0.260736
	y	0.066289	0.017284	
	z	0.003567	0.00093	
8%	x	0.589603	0.148629	0.252083
	y	0.066909	0.016867	
	z	0.0036	0.000908	

表 4.3 (续)

<table>
<tr><th>经济增速</th><th>产品</th><th>产出产综</th><th>可用消费量</th><th>可消费比例</th></tr>
<tr><td rowspan="3">9%</td><td>x</td><td>0.595062</td><td>0.14495</td><td rowspan="3">0.243588</td></tr>
<tr><td>y</td><td>0.067528</td><td>0.016449</td></tr>
<tr><td>z</td><td>0.003634</td><td>0.000885</td></tr>
<tr><td rowspan="3">10%</td><td>x</td><td>0.600521</td><td>0.141271</td><td rowspan="3">0.235248</td></tr>
<tr><td>y</td><td>0.068148</td><td>0.016032</td></tr>
<tr><td>z</td><td>0.003667</td><td>0.000863</td></tr>
</table>

经济结构优化

我们列出当 τ 取 1.1, r 分别取 9, 17 时对应的 $(w^{-1} \otimes w)$ 振幅, 以及经过调整后的目标产综 $\tilde{u}$ 与原产综 u 之间的夹角 θ, 结果如表 4.4 所示.

表 4.4 $(w^{-1} \otimes w)$ 的振幅及 $\tilde{u}$ 与 u 的夹角

<table>
<tr><th>τ</th><th>r</th><th>$\max(w^{-1} \otimes w)$</th><th>$\min(w^{-1} \otimes w)$</th><th>θ</th></tr>
<tr><td rowspan="2">1.1</td><td>9</td><td rowspan="2">1.100000</td><td rowspan="2">0.909091</td><td>0.001805</td></tr>
<tr><td>17</td><td>0.008916</td></tr>
</table>

§4.2 2017 年中国 42 产品模型

本节材料取自 [30] 的结果, 是使用 MatLab 软件计算所得. 我们采用的是 2017 年 42 产品投入产出表 [34] (兼顾了该年 149 产品投入产出表). 因为 35 号产品“研究和试验发展”所在行的数据除了主对角元素是非零数值, 其他均为零, 所以计算得到的“直接消耗系数表”所对应的结构方阵不满足不可约性, 不可以直接使用, 需要对该表进行修正.

已有投入产出表的修正

通过与 2012 年中国 42 产品对比, 可以发现 2017 年的 22 号产品“其他制造产品及废品废料”在 2012 年被拆分成了“其他制造产品”和“废品废料”两种产品; 2017 年的 35 号产品“研究和试验发展”和

36 号产品“综合技术服务”在 2012 年被合并成了一种产品“科学研究和技术服务”. 我们以 2012 年 42 产品的分类标准为参照, 将同时公布的 2017 年 149 产品投入产出表中的“基本流量表”重新合并, 得到与 2012 年 42 产品一致的新的 2017 年 42 产品“基本流量表”, 再转换为对应的新的 42 产品“直接消耗系数表”, 使用的结构矩阵 A 是该表中 42 种产品构成的方阵的转置, 且满足非负不可约.

经济的平衡解与稳定性测试

首先对 A 使用 7 步幂法、2 步变动推移的反幂法和 4 步固定推移的反幂法, 得到精细化的 A 的最大特征值 $\rho(A)$ 及其右特征向量 v.

$$\begin{aligned}
\rho(A) &= 0.641562799876367,\\
v &= (0.0106007699338102,\ 0.0146949155403764,\ 0.0113572241716776,\\
&\quad 0.0177951090263050,\ 0.0196403735612024,\ 0.0167357797204496,\\
&\quad 0.0278267886600648,\ 0.0306782137091318,\ 0.0263661800015310,\\
&\quad 0.0263123315380934,\ 0.0158719240295532,\ 0.0259139209134628,\\
&\quad 0.0234128768056102,\ 0.0228707114778328,\ 0.0265354141518232,\\
&\quad 0.0355763127304926,\ 0.0352381363140552,\ 0.0354353802376938,\\
&\quad 0.0358799616869118,\ 0.0603799750904405,\ 0.0428556698194853,\\
&\quad 0.0278740530612174,\ 0.00223153398914728,\ 0.0346324646466228,\\
&\quad 0.0223483278940200,\ 0.0154896810595468,\ 0.0167691404539027,\\
&\quad 0.0264375169595764,\ 0.00871031010007929,\ 0.0158944093337671,\\
&\quad 0.0152617350228794,\ 0.0168249231806850,\ 0.0101255448911220,\\
&\quad 0.00560781502805559,\ 0.0215467329954779,\ 0.0235292624423030,\\
&\quad 0.0173579159674542,\ 0.0168221497963165,\ 0.00785897125587932,\\
&\quad 0.0211658159795732,\ 0.0137743524621994,\ 0.0112156968648178).
\end{aligned}$$

此时 $Av-\rho(A)v$ 的最大主阶为 10^{-17}. 由 (2.5) 算出转移概率矩阵 P, 对 P 使用 2 步固定推移的反幂法, 得到 P 的最大左特征向量的最优近似解 $\tilde{\mu}$, $\tilde{\mu}P-\tilde{\mu}$ 的最大主阶为 10^{-16}. 再关于 $\tilde{\mu}$ 的最小分量 (第 39

个) 归一化, 得到 P 的平衡解 μ. 由此得出表 4.9 中 2017 年的等级序. 平衡解的图像见图 1.7 中的红色曲线.

$$
\begin{aligned}
\mu = (&92.5315188342673,\ 80.2001412804920,\ 60.5507706227251,\\
&79.4113417973511,\ 34.4016590490530,\ 114.131086908547,\\
&80.3800420640226,\ 37.9272898652023,\ 32.1014602528265,\\
&107.411397463089,\ 92.0362720391532,\ 539.150533221314,\\
&55.3929690568242,\ 294.174229238971,\ 90.1506660985679,\\
&137.777131209184,\ 84.7664407452082,\ 156.893823699434,\\
&182.960845720957,\ 844.612598507570,\ 57.1533695442865,\\
&8.75395932553290,\ 3.49939220906828,\ 6.36093597614947,\\
&224.858757584992,\ 7.83807906405294,\ 2.71252668913964,\\
&7.83423773131058,\ 75.5730199212124,\ 148.507963565572,\\
&40.3753554901922,\ 42.5288447103315,\ 92.9188822991686,\\
&20.0145327133813,\ 172.972719547298,\ 37.9632926989016,\\
&6.46070823719357,\ 22.2502984526918,\ 1.\dot{0},\\
&1.70242156223084,\ 7.34356309790220,\ 1.35075116868719).
\end{aligned}
$$

给出关于初值 μ_0 的三种不同的近似取法 $\{\mu_0^{(j)}\}_{j=1}^3$: 分别表示取 μ 的小数点后 2, 3, 4 位. 对应不同的消费参数 α, 稳定性测试结果如表 4.5 所示.

表 4.5 2017 年 42 产品的稳定性新测试

$T_{\mu_0}^+$ \ α / μ_0	$\frac{7}{12}$	$\frac{2}{3}$	$\frac{3}{4}$	$\frac{4}{5}$	$\frac{5}{6}$
$\mu_0^{(1)}$	18 ㊵	24 ㊵	35 ㊵	45 ㊵	55 ㊵
$\mu_0^{(2)}$	23 ㊵	31 ㊵	44 ㊵	57 ㊵	70 ㊵
$\mu_0^{(3)}$	30 ㊵	41 ㊵	58 ㊵	76 ㊵	93 ㊵

表 4.5 表明, 经济系统会在等级排名第 40 的产品处崩溃.

利用商综的方法阐述上述稳定性测试结果(同 2012 年). 以 $\alpha = 7/12, n = 23$ 为例证, 得到图 4.2. 从图 4.2 可以看出, 前 17 次迭代的 $p(n)$ 和 $q(n)$ 几乎重叠, 从第 18 次迭代开始出现分叉并逐步扩大, 直到第 23 次迭代 $q(n)$ 出现负值. 对应于表 4.5, 经济系统于第 23 年 (迭代 23 次) 时在排名第 40 的 40 号产品 "卫生和社会工作" 处崩溃.

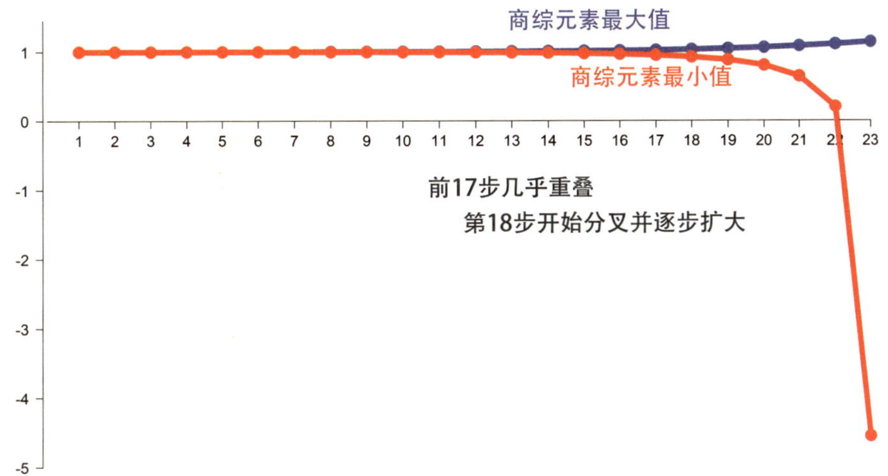

图 4.2 当 $\alpha = 7/12, n = 23$ 时产出产综的逐次振幅图

经济预测与调控

2017 年 42 产品的经济增速 δ 与消费倍数 $\gamma(\delta)$ 之间的关系如表 4.6 所示.

表 4.6 2017 年 42 产品不同经济增速下的消费倍数

δ	3%	4%	5%	6%	7%	8%	9%	10%
$\gamma(\delta)$	11.31	8.32	6.53	5.33	4.48	3.84	3.34	2.94

分别在 "拳头产品" "中间产品" "弱势产品" 中各取一种产品代表, 它们分别是排名第 1 的产品 x "通信设备、计算机和其他电子设备"、排名第 21 的产品 y "石油和天然气开采产品"、排名第 42 的产品 z "教育". 给出这三种产品在不同经济增速下的第一年产出产综、可用消费量和可消费比例的结果, 见表 4.7.

表 4.7 不同增速下的第一年产出产综、可用消费量和可消费比例

经济增速	产品	产出产综	可用消费量	可消费比例
3%	x	0.361194	0.118945	0.329311
	y	0.137665	0.045335	
	z	0.003286	0.001082	
4%	x	0.3647	0.116695	0.319976
	y	0.139001	0.044477	
	z	0.003317	0.001062	
5%	x	0.368207	0.114445	0.310818
	y	0.140338	0.04362	
	z	0.003349	0.001041	
6%	x	0.371714	0.112196	0.301833
	y	0.141674	0.042762	
	z	0.003381	0.001021	
7%	x	0.375221	0.109946	0.293017
	y	0.143011	0.041905	
	z	0.003413	0.001	
8%	x	0.378727	0.107696	0.284363
	y	0.144348	0.041047	
	z	0.003445	0.00098	
9%	x	0.382234	0.105446	0.275868
	y	0.145684	0.04019	
	z	0.003477	0.000959	
10%	x	0.385741	0.103197	0.267528
	y	0.147021	0.039332	
	z	0.003509	0.000939	

经济结构优化

我们列出当 τ 取 1.1, r 分别取 9, 16 时对应的 $(w^{-1}\otimes w)$ 振幅, 以及经过调整后的目标产综 $\tilde{u}$ 与原产综 u 之间的夹角 θ, 结果如表 4.8 所示.

表 4.8 $(w^{-1}\otimes w)$ 的振幅及 $\tilde{u}$ 与 u 的夹角

τ	r	$\max(w^{-1}\otimes w)$	$\min(w^{-1}\otimes w)$	θ
1.1	9	1.100000	0.909091	0.004385
	16			0.012166

§4.3 2007 年中国 42 产品模型

本节结果是使用 R 软件计算所得. 我们采用的是 2007 年 42 产品投入产出表 [32] (兼顾了该年 135 产品投入产出表), 该数据也可取自中国投入产出学会网站 http://cioa.ruc.edu.cn/zlxz/trccb/index.htm 中 [IOtable-China–2007.xls] 的"直接消耗系数表". 不同于前几节研究的投入产出表, 2007 年 42 产品的投入产出表是价格表 (更准确地说, 是价值表), 而非我们通常考虑的以实物或者劳务为主体的投入产出表. 经分析, 经济优化新理论对该价格表也适用. 该表对应的结构方阵已经满足非负不可约性, 但是为了能与 2012 年 42 产品和 2017 年 42 产品进行对比, 需要对该表进行修正.

已有投入产出表的修正

对照 2012 年 42 产品名称, 我们发现 2007 年 42 产品与 2012 年有较多不一致, 于是将同时公布的 2007 年 135 产品投入产出表中的"基本流量表"重新合并, 希望得到与 2012 年 42 产品一致的新的 2007 年 42 产品"基本流量表". 经对比, 我们发现 2007 年 135 产品与 42 产品中都缺少 2012 年 42 产品的 24 号产品"金属制品、机械和设备修理服务"的数据, 只能得到新的 2007 年 41 产品"基本流量表"及其对应的"直接消耗系数表", 从而计算得到对应的 P 的 μ 也只有 41 个分量. 对于 2007 年缺失的 μ 的第 24 个分量, 我们用 2017 年与 2012 年 P 的 μ 的第 24 个分量的平均值插补一个虚拟数值, 于是得到了与 2012 年 42 产品一致的新的 2007 年 42 产品的 P 的 μ.

经济的平衡解

$$
\begin{aligned}
\mu = (&81.4864867907746,\ 121.899151941275,\ 161.918656166088,\\
&146.078805005601,\ 25.3058922208274,\ 85.8400552237378,\\
&92.7241036697609,\ 40.8275468501078,\ 40.3700243750035,\\
&112.641086517189,\ 216.522431476968,\ 735.815436751651,\\
&73.1589202380081,\ 687.923961810618,\ 150.091718691068,\\
&249.257123918465,\ 88.3619223602659,\ 210.103278522413,\\
&232.920520882004,\ 577.392851312479,\ 86.3332606211404,\\
&22.2779003720988,\ 8.56921262546371,\ \underline{8.60450008725463},\\
&496.390137974904,\ 7.67143564830191,\ 6.56526083505497,\\
&7.59684278967130,\ 57.6426078439099,\ 134.657959029728,\\
&36.7599399913308,\ 26.3377134220141,\ 44.4894309309225,\\
&5.71805636086264,\ 73.7019986939952,\ 34.0660010920902,\\
&4.25299339679466,\ 29.9149225122579,\ 3.66085532056226,\\
&9.51384252509274,\ 9.43624501100534,\ 1.\dot{0}).
\end{aligned}
$$

其中 μ 的第 24 个分量是个虚拟数值 (用下划线标出). 由此得出表 4.9 中 2007 年的等级序. 平衡解的图像见图 1.7 中的黑色曲线.

需要说明的是, 本节分析的 2007 年 42 产品是经过修正调整的, 得到的新的产品名称与 2007 年原 42 产品名称不尽相同, 在这里我们不再单独展示调整过的 2007 年 42 产品的产品等级与分类、稳定性测试等方面的分析结果. 2007 年原 42 产品的分析结果可参见 [3; 例 9].

§4.4 三个典型模型的对比分析

以 2012 年 42 产品为基准, 通过对 2017 年和 2007 年的投入产出表修正调整, 如此三个年度 42 产品等级序才有可比性, 得到表 4.9. 该表共由 5 列构成, 第 1 列为产品序号, 第 2 列为产品名称 (与 2012 年 42 产品一致), 第 3, 4, 5 列分别是由 P 得出的 2017, 2012 和 2007 年 42 产品的等级序 (其中 2007 年 24 号产品的等级序是由插补的虚拟数值估计出来的).

结合表 4.1、表 4.5 和表 4.9 可知, 2012 年 42 产品模型分别在排名第 41 的 40 号产品 "卫生和社会工作" 和排名第 25 的 5 号产品 "非金属矿和其他矿采选产品" 处崩溃, 前者显然属于 "弱势产品", 后者则落入局部极小值点处. 2017 年 42 产品模型在排名第 40 的 40 号产品 "卫生和社会工作" 处崩溃, 显然也属于 "弱势产品".

我们也得到了 2017, 2012 和 2007 年 42 产品对应的转移概率矩阵 P 的平衡解 μ 的图, 见图 1.7. 从图中可以直观感受 42 种产品的纵向动态变化趋势, 也可以看出**跨越 15 年的三个年度的产品等级序非常相似**. 同时, 从图 1.8 可以发现, **跨越 15 年的三个年度的累积百分比曲线图也非常一致**.

以 0.01, 0.05 和 0.5 为阈值, 利用累积 (概率) 分布函数 $F(n)$ 对 2017, 2012 和 2007 年 42 产品进行分类.

- *拳头产品*: $F(n) \geqslant 0.5$;
- *弱势产品 (一)*: $F(n) \leqslant 0.01$;
- *弱势产品 (二)*: $F(n) \in (0.01, 0.05]$.

这里弱势产品 (一) 和弱势产品 (二) 是弱势产品的细化分类.

表 4.9 2017, 2012, 2007 年 42 产品的等级序

产品序号	产品名称	2017	2012	2007
1	农林牧渔产品和服务	13	18	19
2	煤炭采选产品	18	9	13
3	石油和天然气开采产品	21	12	9
4	金属矿采选产品	19	10	11
5	非金属矿和其他矿采选产品	28	25	30
6	食品和烟草	10	15	18
7	纺织品	17	17	15
8	纺织服装鞋帽皮革羽绒及其制品	27	29	24
9	木材加工品和家具	29	26	25
10	造纸印刷和文教体育用品	11	16	14
11	石油、炼焦产品和核燃料加工品	14	5	7
12	化学产品	2	1	1
13	非金属矿物制品	23	21	21
14	金属冶炼和压延加工品	3	2	2
15	金属制品	15	14	10
16	通用设备	9	7	5
17	专用设备	16	20	16
18	交通运输设备	7	13	8
19	电气机械和器材	5	6	6
20	通信设备、计算机和其他电子设备	1	3	3
21	仪器仪表	22	24	17
22	其他制造产品	32	34	31
23	废品废料	38	32	35
24	金属制品、机械和设备修理服务	37	35	34
25	电力、热力的生产和供应	4	4	4
26	燃气生产和供应	33	38	36
27	水的生产和供应	39	39	38
28	建筑	34	30	37
29	批发和零售	20	23	22
30	交通运输、仓储和邮政	8	8	12
31	住宿和餐饮	25	28	26
32	信息传输、软件和信息技术服务	24	27	29
33	金融	12	19	23
34	房地产	31	33	39
35	租赁和商务服务	6	11	20
36	科学研究和技术服务	26	22	27
37	水利、环境和公共设施管理	36	37	40
38	居民服务、修理和其他服务	30	31	28
39	教育	42	42	41
40	卫生和社会工作	40	41	32
41	文化、体育和娱乐	35	36	33
42	公共管理、社会保障和社会组织	41	40	42

因三个年度共跨越了 15 年, 产品分类的结果会有些不同, 详见表 4.10.

表 4.10 2017, 2012, 2007 年 42 产品分类结果

数量＼年度 分类	2017	2012	2007
$F(n) \geqslant 0.5$	6	6	5
$F(n) \leqslant 0.01$	9	9	8
$F(n) \in (0.01, 0.05]$	7	8	9

表 4.11 和表 4.12 分别列出三个年度的“拳头产品”与“弱势产品 (一)”的产品名称和等级序, 其中带圈的数字表示产品在该年度对应的等级序.

表 4.11 2017, 2012, 2007 年 42 产品“拳头产品”排序对比

产品序号	产品名称	2017	2012	2007
11	石油、炼焦产品和核燃料加工品		⑤	
12	化学产品	②	①	①
14	金属冶炼和压延加工品	③	②	②
16	通用设备			⑤
19	电气机械和器材	⑤	⑥	
20	通信设备、计算机和其他电子设备	①	③	③
25	电力、热力的生产和供应	④	④	④
35	租赁和商务服务	⑥		

表 4.12 2017, 2012, 2007 年 42 产品"弱势产品(一)"排序对比

产品序号	产品名称	2017	2012	2007
22	其他制造产品		㉞	
23	废品废料	㊳		㉟
24	金属制品、机械和设备修理服务	㊲	㉟	
26	燃气生产和供应		㊳	㊱
27	水的生产和供应	㊴	㊴	㊳
28	建筑	㉞		㊲
34	房地产			㊴
37	水利、环境和公共设施管理	㊱	㊲	㊵
39	教育	㊷	㊷	㊶
40	卫生和社会工作	㊵	㊶	
41	文化、体育和娱乐	㉟	㊱	
42	公共管理、社会保障和社会组织	㊶	㊵	㊷

先考虑对"拳头产品"的分类的差异. 2007 年的 $F(38)$ 与 2012 年的 $F(37)$ 相差仅有 0.0143, 与 2017 年的 $F(37)$ 相差仅有 0.0221. 再考虑对"弱势产品"的分类. 2017 年的 $F(16)$ 与 2007 年的 $F(17)$ 相差仅有千分之一, 与 2012 年的 $F(17)$ 相差仅有万分之三. 应该说明的是, 三个年度总共跨越了 15 年, 社会生产不断发展与进步, 上述误差属于正常范围. 如此, 我们可以将三个年度 42 产品统一划分为 6 种"拳头产品" (所占比重均接近一半) 和 17 种"弱势产品". 经对比, 6 种"拳头产品"中有 5 种在三个年度中重合; 17 种"弱势产品"中有 13 种在三个年度中重合, 6 种在两个年度中重合.

附录一 投入产出表的调整

调整投入产出表的具体方法如下.

1. 对投入产出表不可约性的调整

区别于已有的投入产出法, 华先生的理论要求结构矩阵满足不可约性. 而原始的基本流量表 (或直接消耗系数表) 常出现某些产品所在行 (或列) 的数据均为零, 或者所在行 (或列) 除主对角元素是非零数值以外, 其他均为零的情况, 破坏了结构矩阵的不可约性. 如此一来, 需要将该产品与其他产品进行合并, 使得新得到的结构矩阵满足不可约性, 才能适用本书的理论. 产品合并的标准与方法见下面第 2, 3 条.

2. 探索投入产出表的产品划分标准

以 2012 年投入产出表为例. 国家统计局国民经济核算司于 2015 年 12 月同时公布了 139 产品投入产出表和 42 产品投入产出表 [33], 均含有对应的基本流量表、直接消耗系数表和完全消耗系数表. 同一年度不同数量的产品表示对社会整个经济系统的不同分类, 可以这样说, 139 产品是对 42 产品的进一步细化. 那么如何获得从 139 产品到 42 产品的划分标准? 第一种方法, 直接参照 [33] 的附录中的“中国 2012 年投入产出表部门分类”. 第二种方法, 借助该年 139 产品和 42 产品对应的两张基本流量表中的第 I 象限中的数值 (它是由名称相同、排列次序相同、数目一致的若干产品纵横交叉而成的). 比如, 在 139 产品基本流量表中, 行与列中的 1–5 号产品所对应的 25 个数字之和等于 42 产品基本流量表中行与列中的 1 号产品“农林牧渔产品和服务”所对应的数字, 即 123205603.451774, 那么我们可以判断 42 产品的 1 号产品在 139 产品中细分为 1–5 号产品. 再比如, 在 139 产品基本流量表中, 行中的 1–5 号产品与列中的 31–33 号产品对应的 15 个数字之和等于 42 产品基本流量表中行中的 1 号产品“农林牧渔产品和服务”与列中的 8 号产品“纺织服装鞋帽皮革羽绒及其制品”对应的数字, 即 262708.191872399, 那么我们可以判断 42 产品的 8 号产品在 139 产品中细分为 31–33 号产品. 以此类推便可得到所有划分标准.

3. 对投入产出表的产品重新合并

由第 2 条所述, 得到 2007 年 135 产品和 42 产品之间的产品划分标准, 与 2017 年 149 产品和 42 产品之间的产品划分标准. 为方便对不同年度的投入产出表进行相互比较和综合分析, 我们以 2012 年 42 产品为基准, 遵照投入产出表的编制习惯, 对 2007, 2017 年的产品进行重新组合. 如若在重组之后缺少某种产品的数据, 则赋予一个虚拟数值, 具体方法见 §4.3. 最后得到与 2012 年 42 产品一致的新的 2007 年 42 产品与 2017 年 42 产品基本流量表, 且新的结构矩阵满足不可约性.

4. "基本流量表" 到 "直接消耗系数表" 的转换

将"基本流量表"中每一列的各产品的数值除以所在列的"总投入", 可得到对应的"直接消耗系数表", 即可以进入后续研究的结构矩阵.

附录二　产品等级序两种方法的比较

在探讨产品的等级序时，自然会先想到以 A 的平衡解各分量的大小为序，因它是经济系统的核心，且极为敏感. 然而，有了不变量 P 之后，就有了新的选择：以 P 的平衡解确定产品的等级序. 后者有两大优点：一是从经济角度上看，产品有统一量纲 (见 §1.2)；二是从数学角度上看，P 的平衡解汇集了 A 的三大特征 (见 §2.3). 我们以 2000 年 17 产品和 2012 年 42 产品为例，列出两种产品排序方法的结果，见表 A.1 和表 A.2. 两张表的第 3 列是由 P 得出的产品等级序，作为对比，第 4 列给出由 A 得出的产品等级序. 从两表中易见两者有相当区别，基于上述情况，我们选用等级 (P). 显而易见，若无 P 而不得不用 A，则等级序就会有很大失真.

表 A.1　2000 年 17 产品的等级序

产品序号	产品名称	等级 (P)	等级 (A)
1	农业	11	9
2	采掘业	5	4
3	食品制造业	14	14
4	纺织、缝纫及皮革产品制造业	4	8
5	其他制造业	9	11
6	电力及蒸汽、热水生产和供应业	6	5
7	炼焦、煤气及石油加工业	7	7
8	化学工业	2	2
9	建筑材料及其他非金属矿物制品业	13	15
10	金属产品制造业	3	3
11	机械设备制造业	1	1
12	建筑业	16	17
13	运输邮电业	10	10
14	商业饮食业	8	6
15	公用事业及居民服务业	12	12
16	金融保险业	15	13
17	其他服务业	17	16

表 A.2 2012 年 42 产品的等级序

产品序号	产品名称	等级 (P)	等级 (A)
1	农林牧渔产品和服务	18	8
2	煤炭采选产品	9	9
3	石油和天然气开采产品	12	6
4	金属矿采选产品	10	13
5	非金属矿和其他矿采选产品	25	24
6	食品和烟草	15	12
7	纺织品	17	19
8	纺织服装鞋帽皮革羽绒及其制品	29	32
9	木材加工品和家具	26	28
10	造纸印刷和文教体育用品	16	17
11	石油、炼焦产品和核燃料加工品	5	4
12	化学产品	1	1
13	非金属矿物制品	21	21
14	金属冶炼和压延加工品	2	2
15	金属制品	14	18
16	通用设备	7	16
17	专用设备	20	23
18	交通运输设备	13	20
19	电气机械和器材	6	15
20	通信设备、计算机和其他电子设备	3	5
21	仪器仪表	24	29
22	其他制造产品	34	37
23	废品废料	32	27
24	金属制品、机械和设备修理服务	35	38
25	电力、热力的生产和供应	4	3
26	燃气生产和供应	38	36
27	水的生产和供应	39	40
28	建筑	30	33
29	批发和零售	23	11
30	交通运输、仓储和邮政	8	10
31	住宿和餐饮	28	25
32	信息传输、软件和信息技术服务	27	30
33	金融	19	7
34	房地产	33	26
35	租赁和商务服务	11	14
36	科学研究和技术服务	22	22
37	水利、环境和公共设施管理	37	35
38	居民服务、修理和其他服务	31	31
39	教育	42	41
40	卫生和社会工作	41	42
41	文化、体育和娱乐	36	34
42	公共管理、社会保障和社会组织	40	39

第五章 三个早期模型

本章我们分析三个中国早期投入产出模型: 1992, 1997 和 2002 年, 数据分别来自中国投入产出学会网站:

http://cioa.ruc.edu.cn/zlxz/trccb/index.htm.

同时, 我们在本章的附录补充对两个海外模型的分析. 所有计算均使用 MatLab 软件.

§5.1 1992 年中国 31 产品模型

我们采用的是 1992 年 33 产品投入产出表, 该数据取自中国投入产出学会网站 http://cioa.ruc.edu.cn/zlxz/trccb/index.htm 中 [IOtable-China–1992.xls] 的“直接消耗系数表”. 但此表对应的结构方阵可约, 需要对该表进行修正.

已有投入产出表的修正

在 1992 年 33 产品的“基本流量表”中, 28 号产品“饮食业”和 33 号产品“行政机关”所在行的数据均为零, 于是我们根据产品类型, 将“饮食业”与 27 号产品“商业”合并, 将“行政机关”与 31 号产品“文教卫生科研事业”合并, 得到一个新的 1992 年 31 产品“基本流量表”, 再转换为对应的“直接消耗系数表”. 使用的结构矩阵 A 是该表中 31 种产品构成的方阵的转置. 所关心的 31 种产品见表 5.1 (第 27 和 30 号产品是合并后的新产品).

经济的平衡解与稳定性测试

首先对 A 使用 7 步幂法、2 步变动推移的反幂法和 1 步固定推移的反幂法, 得到精细化的 A 的最大特征值 $\rho(A)$ 及其右特征向量 v.

表 5.1 1992 年 31 产品的等级序

产品序号	产品名称	等级 (P)
1	农业	12
2	煤炭采选业	16
3	石油和天然气开采业	21
4	金属矿采选业	22
5	其他非金属矿采选业	23
6	食品制造业	18
7	纺织业	5
8	缝纫及皮革制品业	28
9	木材加工及家具制造业	25
10	造纸及文教用品制造业	10
11	电力及蒸汽、热水生产和供应业	13
12	石油加工业	19
13	炼焦、煤气及煤制品业	27
14	化学工业	2
15	建筑材料及其他非金属矿物制品业	7
16	金属冶炼及压延加工业	1
17	金属制品业	15
18	机械工业	3
19	交通运输设备制造业	6
20	电气机械及器材制造业	9
21	电子及通信设备制造业	20
22	仪器仪表及其他计量器具制造业	26
23	机械设备修理业	31
24	其他工业	14
25	建筑业	29
26	货运邮电业	11
27	商业&饮食业	4
28	旅客运输业	30
29	公用事业及居民服务业	17
30	文教卫生科研事业&行政机关	24
31	金融保险业	8

$\rho(A) = 0.621463691720680,$

$$\begin{aligned}v = (&0.0130583038757685,\ 0.0276568031490516,\ 0.0191536611389284,\\ &0.0285784931926137,\ 0.0266350503473381,\ 0.0225493063231527,\\ &0.0391959088603737,\ 0.0412491482773572,\ 0.0386924287625766,\\ &0.0355433076269417,\ 0.0228723258565600,\ 0.0241792492957536,\\ &0.0339637968527753,\ 0.0341871122737196,\ 0.0312750030901315,\\ &0.0355188030067515,\ 0.0408370294171828,\ 0.0394357311564979,\\ &0.0422347802299160,\ 0.0407890042782667,\ 0.0441986274334565,\\ &0.0363867836306322,\ 0.0396154024050594,\ 0.0394301072355828,\\ &0.0364895685133956,\ 0.0213862831361619,\ 0.0223885511127527,\\ &0.0225461842341765,\ 0.0194485752506682,\ 0.0235789124783543,\\ &0.0211223824663191).\end{aligned}$$

此时 $Av - \rho(A)v$ 的最大主阶为 10^{-17}. 由 (2.5) 算出转移概率矩阵 P, 对 P 使用 2 步固定推移的反幂法, 得到 P 的最大左特征向量的最优近似 $\tilde{\mu}$, $\tilde{\mu}P - \tilde{\mu}$ 的最大主阶为 10^{-16}. 再关于 $\tilde{\mu}$ 的最小分量 (第 23 个) 归一化, 得到 P 的平衡解 μ. 由此得出表 5.1 中的等级序. 平衡解图像见 §5.4 的图 5.1 中的黑色曲线.

$$\begin{aligned}\mu = (&12.6984149458424,\ 9.05936031152520,\ 7.64648938758999,\\ &6.32701880225891,\ 5.27809884148768,\ 8.26089826416218,\\ &29.0758146039291,\ 2.06239199004566,\ 3.41295439744742,\\ &13.0499868643326,\ 12.1686742934996,\ 8.23452110038001,\\ &2.16079497131192,\ 56.2819330278255,\ 15.6228016019447,\\ &57.3580658223887,\ 11.9922766194136,\ 36.4396166928794,\\ &16.7047424410330,\ 14.2213088322267,\ 7.82349612928880,\\ &2.98736444619677,\ 1.\dot{0},\ 12.1096671606703,\\ &1.93332593177454,\ 12.7878886361808,\ 32.3302912241041,\\ &1.83678775980453,\ 8.52297965188438,\ 3.68864335806662,\\ &14.5590506103410).\end{aligned}$$

给出关于初值 μ_0 的两种不同的近似取法 $\{\mu_0^{(j)}\}_{j=1}^2$: 第一种取 μ 的小数点后 2 位, 第二种取 μ 的 7 位有效数字, 稳定性测试结果如表 5.2 所示.

表 5.2 1992 年 31 产品的稳定性新测试

$T^+_{\mu_0}$ \ α / μ_0	$\frac{7}{12}$	$\frac{2}{3}$	$\frac{3}{4}$	$\frac{4}{5}$	$\frac{5}{6}$
$\mu_0^{(1)}$	18 ㉙ ⑲	25 ㉙ ⑲	35 ㉙	45 ㉙	56 ㉙
$\mu_0^{(2)}$	36 ㉛	49 ㉛	71 ㉛	93 ㉛	115 ㉛

经济预测与调控

1992 年 31 产品的经济增速 δ 与消费倍数 $\gamma(\delta)$ 之间的关系如表 5.3 所示.

表 5.3 1992 年 31 产品不同经济增速下的消费倍数

δ	3%	4%	5%	6%	7%	8%	9%	10%
$\gamma(\delta)$	12.00	8.84	6.95	5.69	4.79	4.11	3.58	3.16

分别在"拳头产品""中间产品""弱势产品"中各取一种产品代表, 它们分别是排名第 1 的产品 x"金属冶炼及压延加工业"、排名第 16 的产品 y"煤炭采选业"、排名第 31 的产品 z"机械设备修理业". 给出这三种产品在不同经济增速下的第一年产出产综、可用消费量和可消费比例的结果, 见表 5.4.

表 5.4 不同增速下的第一年产出产综、可用消费量和可消费比例

经济增速	产品	产出产综	可用消费量	可消费比例
3%	x	0.468662	0.163755	0.34941
	y	0.095065	0.033217	
	z	0.007326	0.00256	
4%	x	0.473212	0.160928	0.340075
	y	0.095988	0.032643	
	z	0.007397	0.002516	
5%	x	0.477763	0.1581	0.330917
	y	0.096911	0.032069	
	z	0.007468	0.002471	

表 5.4(续)

经济增速	产品	产出产综	可用消费量	可消费比例
6%	x	0.482313	0.155272	0.321933
	y	0.097834	0.031496	
	z	0.007539	0.002427	
7%	x	0.486863	0.152444	0.313116
	y	0.098757	0.030922	
	z	0.00761	0.002383	
8%	x	0.491413	0.149617	0.304462
	y	0.09968	0.030349	
	z	0.007682	0.002339	
9%	x	0.495963	0.146789	0.295968
	y	0.100602	0.029775	
	z	0.007753	0.002295	
10%	x	0.500513	0.143961	0.287627
	y	0.101525	0.029201	
	z	0.007824	0.00225	

经济结构优化

我们列出当 τ 取 1.1, r 分别取 2, 8 时对应的 $(w^{-1}\otimes w)$ 振幅, 以及经过调整后的目标产综 $\tilde{u}$ 与原产综 u 之间的夹角 θ, 结果如表 5.5 所示.

表 5.5 $(w^{-1}\otimes w)$ 的振幅及 $\tilde{u}$ 与 u 的夹角

τ	r	$\max(w^{-1}\otimes w)$	$\min(w^{-1}\otimes w)$	θ
1.1	2	1.100000	0.909091	0.002402
	8			0.006628

§5.2 1997 年中国 38 产品模型

我们采用的是 1997 年 40 产品投入产出表, 该数据取自中国投入产出学会网站 http://cioa.ruc.edu.cn/zlxz/trccb/index.htm 中 [IOtable-China–1997.xls] 的 "直接消耗系数表". 但此表对应的结构方阵可约, 需要对该表进行修正.

已有投入产出表的修正

在 1997 年 40 产品的“基本流量表”中, 40 号产品“行政机关及其他行业”所在行的数据均为零, 23 号产品“废品及废料”所在列的数据均为零. 于是我们根据产品类型, 将“行政机关及其他行业”与 36 号产品“卫生体育和社会福利业”合并, 将“废品及废料”与 22 号产品“其他制造业”合并, 得到一个新的 1997 年 38 产品“基本流量表”, 再转换为对应的“直接消耗系数表”. 使用的结构矩阵 A 是该表中 38 种产品构成的方阵的转置. 所关心的 38 种产品见表 5.6 (第 22 和 35 号产品是合并后的新产品).

经济的平衡解与稳定性测试

首先对 A 使用 7 步幂法、2 步变动推移的反幂法和 2 步固定推移的反幂法, 得到精细化的 A 的最大特征值 $\rho(A)$ 及其右特征向量 v.

$$
\begin{aligned}
\rho(A) = {} & 0.632259689234844, \\
v = {} & (0.0121168301125140,\ 0.0203084242946456,\ 0.0112159957613494, \\
& 0.0268501510497696,\ 0.0210729787568441,\ 0.0183592090233545, \\
& 0.0273278359684648,\ 0.0276019601854406,\ 0.0299155468636302, \\
& 0.0280538792344188,\ 0.0190839748964006,\ 0.0296380921592037, \\
& 0.0272807348197978,\ 0.0360316659047841,\ 0.0376136025996460, \\
& 0.0334106261174149,\ 0.0400372103654361,\ 0.0398337414364468, \\
& 0.0442451057280273,\ 0.0361856647309069,\ 0.0298965074501690, \\
& 0.0219228107557112,\ 0.0210779184904086,\ 0.0253911846145193, \\
& 0.0191902584251029,\ 0.0317582914614086,\ 0.0171324037656658, \\
& 0.0208792572761896,\ 0.0193478626687329,\ 0.0173835895663413, \\
& 0.0196889207263260,\ 0.0138024185855459,\ 0.00932282404717284, \\
& 0.0260797805473429,\ 0.0238371620598227,\ 0.0191147667484597, \\
& 0.0313127979683924,\ 0.0158286765458371).
\end{aligned}
$$

表 5.6 1997 年 38 产品的等级序

产品序号	产品名称	等级 (P)
1	农业	11
2	煤炭采选业	17
3	石油和天然气开采业	21
4	金属矿采选业	14
5	非金属矿采选业	23
6	食品制造及烟草加工业	20
7	纺织业	4
8	服装皮革羽绒及其他纤维制品制造业	26
9	木材加工及家具制造业	24
10	造纸印刷及文教用品制造业	12
11	石油加工及炼焦业	16
12	化学工业	1
13	非金属矿物制品业	13
14	金属冶炼及压延加工业	2
15	金属制品业	9
16	机械工业	3
17	交通运输设备制造业	8
18	电气机械及器材制造业	6
19	电子及通信设备制造业	5
20	仪器仪表及文化办公用机械制造业	25
21	机械设备修理业	28
22	其他制造业&废品及废料	19
23	电力及蒸汽热水生产和供应业	10
24	煤气生产和供应业	38
25	自来水的生产和供应业	33
26	建筑业	29
27	货物运输及仓储业	18
28	邮电业	27
29	商业	7
30	饮食业	30
31	旅客运输业	31
32	金融保险业	22
33	房地产业	35
34	社会服务业	15
35	卫生体育和社会福利业&行政机关及其他行业	37
36	教育文化艺术及广播电影电视业	34
37	科学研究事业	36
38	综合技术服务业	32

此时 $Av-\rho(A)v$ 的最大主阶从 10^{-16} 提高到 10^{-18}. 由 (2.5) 算出转移概率矩阵 P, 对 P 使用 1 步固定推移的反幂法, 得到 P 的最大左特征向量的最优近似 $\tilde{\mu}$, $\tilde{\mu}P-\tilde{\mu}$ 的最大主阶为 10^{-16}. 再关于 $\tilde{\mu}$ 的最小分量 (第 24 个) 归一化, 可得 P 的平衡解 μ. 由此得出表 5.6 中的等级序. 平衡解图像见 §5.4 的图 5.1 中的蓝色曲线.

$$
\begin{aligned}
\mu = (&60.2564591715481,\ 40.5764288460453,\ 26.2252775808378,\\
&53.0763316391380,\ 19.5395335306119,\ 32.7276003725170,\\
&117.287051855331,\ 15.9196988221974,\ 18.0206687924428,\\
&57.7662284115071,\ 45.3522689813707,\ 323.247990810247,\\
&54.7722865040104,\ 245.476967689656,\ 76.7975493571292,\\
&131.700179674639,\ 77.9213469226290,\ 86.4664647499270,\\
&111.451056329471,\ 15.9599383123299,\ 13.8391677275506,\\
&34.6239324251018,\ 64.0467731795938,\ 1.\dot{0},\\
&3.41809248335825,\ 13.1894412046624,\ 37.5774218754849,\\
&15.4959844567453,\ 81.5972493261156,\ 11.6771348892890,\\
&5.95923653941768,\ 24.5557936402657,\ 3.00805644236786,\\
&46.9878337080865,\ 1.15309152236899,\ 3.23009753492394,\\
&1.21334828755464,\ 4.96851212040727).
\end{aligned}
$$

给出关于初值 μ_0 的三种不同的近似取法 $\{\mu_0^{(j)}\}_{j=1}^3$: 分别取 μ 的小数点后 2, 4, 6 位, 稳定性测试结果如表 5.7 所示.

表 5.7 1997 年 38 产品的稳定性新测试

$T^+_{\mu_0}$ \ α / μ_0	$\frac{7}{12}$	$\frac{2}{3}$	$\frac{3}{4}$	$\frac{4}{5}$	$\frac{5}{6}$
$\mu_0^{(1)}$	16 ㊲	22 ㊲ ㊱	31 ㊲	41 ㊲	50 ㊲
$\mu_0^{(2)}$	28 ㊱	38 ㊱	54 ㊱	71 ㊱	87 ㊱
$\mu_0^{(3)}$	42 ㊱ ㉟	57 ㊱ ㉟	81 ㊱	105 ㊱	130 ㊱

经济预测与调控

1997 年 38 产品的经济增速 δ 与消费倍数 $\gamma(\delta)$ 之间的关系如表 5.8 所示.

表 5.8 1997 年 38 产品不同经济增速下的消费倍数

δ	3%	4%	5%	6%	7%	8%	9%	10%
$\gamma(\delta)$	11.63	8.56	6.72	5.50	4.62	3.96	3.45	3.05

分别在“拳头产品”“中间产品”“弱势产品”中各取一种产品代表, 它们分别是排名第 1 的产品 x“化学工业”、排名第 19 的产品 y“其他制造业&废品及废料”、排名第 38 的产品 z“煤气生产和供应业”. 给出这三种产品在不同经济增速下的第一年产出产综、可用消费量和可消费比例的结果, 见表 5.9.

表 5.9 不同增速下的第一年产出产综、可用消费量和可消费比例

经济增速	产品	产出产综	可用消费量	可消费比例
3%	x	0.630187	0.21339	0.338614
	y	0.091257	0.030901	
	z	0.002276	0.000771	
4%	x	0.636305	0.209522	0.329279
	y	0.092143	0.030341	
	z	0.002298	0.000757	
5%	x	0.642424	0.205653	0.320121
	y	0.093029	0.02978	
	z	0.00232	0.000743	
6%	x	0.648542	0.201785	0.311137
	y	0.093914	0.02922	
	z	0.002342	0.000729	
7%	x	0.65466	0.197917	0.30232
	y	0.0948	0.02866	
	z	0.002364	0.000715	

表 5.9 (续)

经济增速	产品	产出产综	可用消费量	可消费比例
8%	x	0.660779	0.194048	0.293666
	y	0.095686	0.0281	
	z	0.002386	0.000701	
9%	x	0.666897	0.19018	0.285172
	y	0.096572	0.02754	
	z	0.002408	0.000687	
10%	x	0.673015	0.186312	0.276831
	y	0.097458	0.02698	
	z	0.00243	0.000673	

经济结构优化

我们列出当 τ 取 1.1, r 分别取 7, 13 时对应的 $(w^{-1}\otimes w)$ 振幅, 以及经过调整后的目标产综 $\tilde{u}$ 与原产综 u 之间的夹角 θ, 结果如表 5.10 所示.

表 5.10 $(w^{-1}\otimes w)$ 的振幅及 $\tilde{u}$ 与 u 的夹角

τ	r	$\max(w^{-1}\otimes w)$	$\min(w^{-1}\otimes w)$	θ
1.1	7	1.100000	0.909091	0.002904
	13			0.008061

§5.3 2002 年中国 40 产品模型

我们采用的是 2002 年 42 产品投入产出表, 该数据取自中国投入产出学会网站 http://cioa.ruc.edu.cn/zlxz/trccb/index.htm 中 [IOtable-China–2002.xls] 的“直接消耗系数表”. 但此表对应的结构方阵可约, 需要对该表进行修正.

已有投入产出表的修正

在 2002 年 42 产品的“基本流量表”中, 42 号产品“公共管理和社会组织”所在行的数据均为零, 22 号产品“废品废料”所在列的数据均为零. 于是我们根据产品类型, 将“公共管理和社会组织”与 40

号产品“卫生、社会保障和社会福利事业”合并, 将“废品废料”与 21 号产品“其他制造业”合并, 得到一个新的 2002 年 40 产品“基本流量表”, 再转换为对应的“直接消耗系数表”. 使用的结构矩阵 A 是该表中 40 种产品构成的方阵的转置. 所关心的 40 种产品见表 5.11 (第 21 和 39 号产品是合并后的新产品).

经济的平衡解与稳定性测试

首先对 A 使用 7 步幂法、2 步变动推移的反幂法和 2 步固定推移的反幂法, 得到精细化的 A 的最大特征值 $\rho(A)$ 及其右特征向量 v.

$$\begin{aligned}\rho(A) &= 0.626500538839067,\\ v &= (0.0121818783139832,\ 0.0162162431478257,\ 0.0110998190252256,\\ &\quad 0.0205889850696839,\ 0.0201214564452432,\ 0.0184854175895376,\\ &\quad 0.0290606495119848,\ 0.0313519232157535,\ 0.0271728297049126,\\ &\quad 0.0262103591821008,\ 0.0189109853719771,\ 0.0286071411915173,\\ &\quad 0.0244522813436969,\ 0.0295750652764600,\ 0.0331996873784642,\\ &\quad 0.0332758259344946,\ 0.0370013289672382,\ 0.0353421666686168,\\ &\quad 0.0521789505651801,\ 0.0412192405692168,\ 0.0192155252959572,\\ &\quad 0.0168012696507368,\ 0.0245427636014010,\ 0.0175814119816791,\\ &\quad 0.0301311035337280,\ 0.0182860772106276,\ 0.0242106188133244,\\ &\quad 0.0234592790837039,\ 0.0171834423628814,\ 0.0170145061598696,\\ &\quad 0.0121692214952342,\ 0.00952304787730449,\ 0.0314973853671545,\\ &\quad 0.0132838353307031,\ 0.0273704473510596,\ 0.0159211902175497,\\ &\quad 0.0219778568050541,\ 0.0148401667721387,\ 0.0179397587432372,\\ &\quad 0.0196840568973208).\end{aligned}$$

此时 $Av-\rho(A)v$ 的最大主阶从 10^{-16} 提高到 10^{-17}. 由 (2.5) 算出转移概率矩阵 P, 对 P 使用 1 步固定推移的反幂法, 得到 P 的最大左特征向量的最优近似 $\tilde{\mu}$, $\tilde{\mu}P-\tilde{\mu}$ 的最大主阶从 10^{-15} 提高到 10^{-16}. 再关于 $\tilde{\mu}$ 的最小分量 (第 34 个) 归一化, 可得 P 的平衡解 μ. 由此得出表 5.11 中的等级序. 平衡解图像见 §5.4 的图 5.1 中的红色曲线.

表 5.11 2002 年 40 产品的等级序

产品序号	产品名称	等级(P)
1	农业	15
2	煤炭开采和洗选业	17
3	石油和天然气开采业	16
4	金属矿采选业	20
5	非金属矿采选业	30
6	食品制造及烟草加工业	23
7	纺织业	14
8	服装皮革羽绒及其制品业	28
9	木材加工及家具制造业	26
10	造纸印刷及文教用品制造业	10
11	石油加工、炼焦及核燃料加工业	12
12	化学工业	1
13	非金属矿物制品业	21
14	金属冶炼及压延加工业	3
15	金属制品业	11
16	通用、专用设备制造业	4
17	交通运输设备制造业	5
18	电气、机械及器材制造业	6
19	通信设备、计算机及其他电子设备制造业	2
20	仪器仪表及文化办公用机械制造业	22
21	其他制造业&废品废料	24
22	电力、热力的生产和供应业	9
23	燃气生产和供应业	38
24	水的生产和供应业	34
25	建筑业	29
26	交通运输及仓储业	7
27	邮政业	37
28	信息传输、计算机服务和软件业	19
29	批发和零售贸易业	8
30	住宿和餐饮业	25
31	金融保险业	18
32	房地产业	31
33	租赁和商务服务业	13
34	旅游业	40
35	科学研究事业	39
36	综合技术服务业	32
37	其他社会服务业	27
38	教育事业	35
39	卫生、社会保障和社会福利事业&公共管理和社会组织	36
40	文化、体育和娱乐业	33

$$\begin{aligned}\mu = (&236.727687702719,\ 201.781037632561,\ 224.349927116940,\\ &186.073227293122,\ 60.8070087157870,\ 140.999610480511,\\ &252.258848165977,\ 88.5796206645256,\ 107.366486866196,\\ &372.779810889972,\ 366.389171389831,\ 1819.44426358049,\\ &170.588295470071,\ 1461.65491873216,\ 366.994027343535,\\ &744.361604150234,\ 597.277876208957,\ 506.460592844670,\\ &1744.08101016643,\ 146.651742949059,\ 117.756192766047,\\ &385.257623613947,\ 12.7745621166062,\ 21.1756408995244,\\ &77.5699586110031,\ 495.960271380827,\ 12.9770958293328,\\ &187.173487955740,\ 444.785809778938,\ 109.250442353497,\\ &188.639145777216,\ 31.7750664018177,\ 277.131639277795,\\ &1.\dot{0},\ 10.9043505203903,\ 31.2645199242517,\\ &100.354114374450,\ 14.5091290295230,\ 13.9811927206780,\\ &27.4891323902003).\end{aligned}$$

给出关于初值 μ_0 的三种不同的近似取法 $\{\mu_0^{(j)}\}_{j=1}^3$: 分别取 μ 的小数点后 2, 3, 5 位, 稳定性测试结果如表 5.12 所示.

表 5.12 2002 年 40 产品的稳定性新测试

$T_{\mu_0}^+$ \ α / μ_0	$\frac{7}{12}$	$\frac{2}{3}$	$\frac{3}{4}$	$\frac{4}{5}$	$\frac{5}{6}$
$\mu_0^{(1)}$	23 ㊴	31 ㊴	43 ㊴	56 ㊴	69 ㊴
$\mu_0^{(2)}$	29 ㊴	39 ㊴	56 ㊴	73 ㊴	90 ㊴
$\mu_0^{(3)}$	41 ㊱ ⑯	56 ㊱ ⑯	80 ㊱	105 ㊱	129 ㊱

经济预测与调控

2002 年 40 产品的经济增速 δ 与消费倍数 $\gamma(\delta)$ 之间的关系如表 5.13 所示.

表 5.13 2002 年 40 产品不同经济增速下的消费倍数

δ	3%	4%	5%	6%	7%	8%	9%	10%
$\gamma(\delta)$	11.82	8.71	6.84	5.60	4.71	4.04	3.52	3.11

分别在“拳头产品”“中间产品”“弱势产品”中各取一种产品代表，它们分别是排名第 1 的产品 x“化学工业”、排名第 20 的产品 y“金属矿采选业”、排名第 40 的产品 z“旅游业”. 给出这三种产品在不同经济增速下的第一年产出产综、可用消费量和可消费比例的结果，见表 5.14.

表 5.14 不同增速下的第一年产出产综、可用消费量和可消费比例

经济增速	产品	产出产综	可用消费量	可消费比例
3%	x	0.575417	0.198158	0.344373
	y	0.081765	0.028158	
	z	0.000681	0.000235	
4%	x	0.581003	0.194658	0.335038
	y	0.082559	0.02766	
	z	0.000688	0.00023	
5%	x	0.58659	0.191158	0.32588
	y	0.083353	0.027163	
	z	0.000694	0.000226	
6%	x	0.592177	0.187658	0.316896
	y	0.084146	0.026666	
	z	0.000701	0.000222	
7%	x	0.597763	0.184158	0.308079
	y	0.08494	0.026168	
	z	0.000708	0.000218	
8%	x	0.60335	0.180658	0.299425
	y	0.085734	0.025671	
	z	0.000714	0.000214	
9%	x	0.608936	0.177158	0.290931
	y	0.086528	0.025174	
	z	0.000721	0.00021	
10%	x	0.614523	0.173658	0.28259
	y	0.087322	0.024676	
	z	0.000727	0.000206	

经济结构优化

我们列出当 τ 取 1.1, r 分别取 8, 15 时对应的 $(w^{-1} \otimes w)$ 振幅, 以及经过调整后的目标产综 $\tilde{u}$ 与原产综 u 之间的夹角 θ. 结果如表 5.15 所示.

表 5.15 $(w^{-1} \otimes w)$ 的振幅及 $\tilde{u}$ 与 u 的夹角

τ	r	$\max(w^{-1} \otimes w)$	$\min(w^{-1} \otimes w)$	θ
1.1	8	1.100000	0.909091	0.002094
	15			0.007870

§5.4 三个早期模型的对比分析

由于没有获得这三个年度产品细化的投入产出数据, 我们无法将这三个年度的产品进行合并重组成产品名称一致的投入产出表. 因此, 1992, 1997 和 2002 年的产品数量不同. 基于此, 这三个年度的平衡解图的对比效果会比 2007, 2012 和 2017 三个年度 (图 1.7) 差一点, 如图 5.1 所示. 其中横坐标表示产品序号, 纵坐标表示三个年度的平衡解.

同时, 我们给出 1992 (黑色), 1997 (蓝色) 和 2002 (红色) 年的累积百分比图, 如图 5.2 所示. 其中横坐标表示从 0 开始的自然序, 纵坐标表示前 n 种产品的累积百分比.

三个年度的产品分类结果如表 5.16 所示.

表 5.16 1992, 1997, 2002 年产品分类结果

数量＼年度 分类	1992	1997	2002
$F(n) \geqslant 0.5$	6	6	5
$F(n) \leqslant 0.01$	2	7	8
$F(n) \in (0.01, 0.05]$	6	6	7

由 1992 年 31 产品、1997 年 38 产品、2002 年 40 产品的平衡解得出图 5.1.

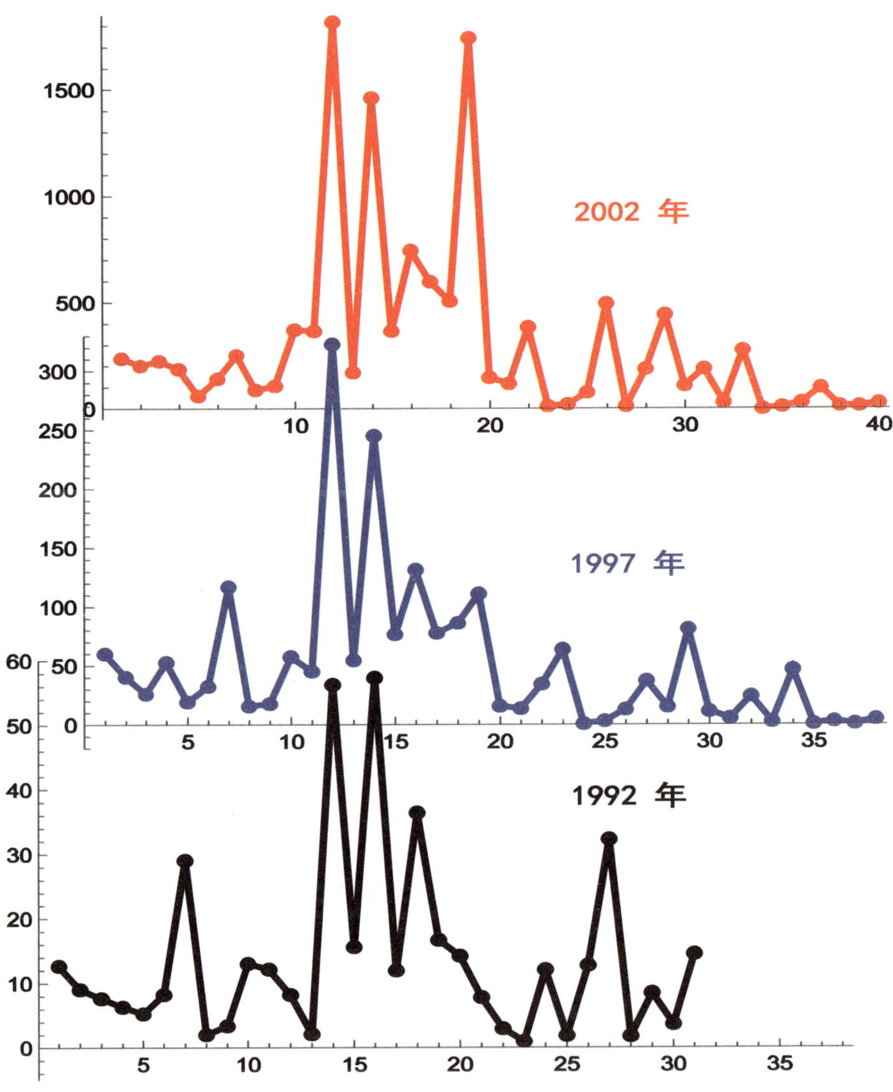

图 5.1　1992, 1997, 2002 年产品的平衡解图

然后, 归一化后得出累积百分比图 5.2.

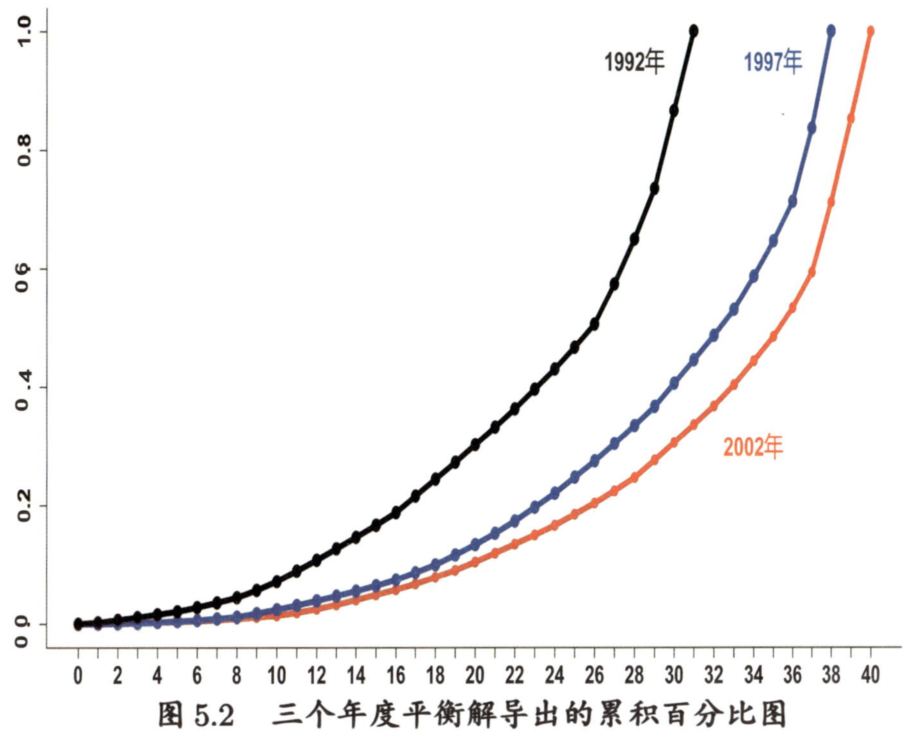

图 5.2 三个年度平衡解导出的累积百分比图

表 5.17 1992 年 31 产品、1997 年 38 产品、2002 年 40 产品前六名产品的比较

代码	产品名称
A	化学工业
B	金属冶炼及压延加工业
C	机械工业
D	纺织业
E	电子及通信设备制造业
F	电气机械及器材制造业
G	商业和饮食业
H	交通运输设备制造业
I	通信设备、计算机及其他电子设备制造业
J	通用、专用设备制造业

表 5.17(续)

等级 年度 产品	1992 (31)	1997 (38)	2002 (40)
A	②	①	① + 2
B	①	②	③
C	③	③	
D	⑤	④	
E		⑤	
F		⑥	⑥
G	④	⑦ + ㉚	
H	⑥		⑤
I			②
J			④

三个年度前六名产品的比较结果如表 5.17 所示. 其中年度后的 (x) 表示该年度产品的个数; 第一行末 +2 表示在后来的两张表 2007 及 2012 中此产品依然保持 ①. 第七行中的 ⑦ + ㉚ 表示: 1992 年的单一产品“商业和饮食业”到 1997 年被拆分为“商业”“饮食业”两种不同产品, 后两者的等级分别为 ⑦ 和 ㉚. 从表 5.17 中标记的红、蓝色和产品可以看出: 跨越 15 年的三张表的前六名产品有不少相同之处. 也许处于变革时期, 第一张表与第三张表差别大些, 但前两张及后两张表都相互更接近一些. 基于此, 我们选用第二张表为基准排序. 容易看出: 产品 ①②③ 应为拳头产品. 同时我们发现 1992, 1997 年的产品 E 到 2002 年变成了产品 I, 所以产品 I 拟是产品 E 的扩充. 有趣的是, 产品 I 在 2007, 2012, 2017 年的等级分别成为 ③③①.

附录 爱尔兰模型和英国模型

我们分别展示两份海外模型, 数据来自 [36].

1960 年爱尔兰 9 产品模型

1960 年爱尔兰 9 产品投入产出表来自 [36] 中的表 1.1, 该表展示的是“基本流量表”, 经换算, 得到对应的“直接消耗系数表”, 使用的结构矩阵 A 是该表中 9 种产品构成的方阵的转置, 结构矩阵满足非负不可约性. 所关心的 9 种产品和等级序见表 5.18.

经济的平衡解与稳定性测试

由精细化技术得到以下结果.

$\rho(A) = 0.285732750939347$,

$v = (0.0950310068101435,\ 0.319015024869975,\ 0.0264024111541386,$
$0.0647294424772061,\ 0.0141281386294505,\ 0.0538336544440315,$
$0.0508441891475447,\ 0.0295697231708320,\ 0.0186531617183552)$,

$\mu = (209.379816719625,\ 372.475040995947,\ 1.\dot{0},$
$27.0206733603150,\ 6.74594162826583,\ 94.3912189516304,$
$11.4941643650525,\ 8.09435896525448,\ 32.7087571115166)$.

给出关于初值 μ_0 的三种不同的近似取法 $\{\mu_0^{(j)}\}_{j=1}^3$: 分别取 μ 的小数点后 2, 5, 6 位, 稳定性测试结果如表 5.19 所示.

此处需要说明的是, 结构矩阵的最大正特征值是国民经济系统本身内在的性质. 对于无消费情形, 我国投入产出表 (1992—2017 年) 对应的结构矩阵的最大正特征值均在 0.6 以上. 经计算, 1960 年爱尔兰 9 产品模型的最大特征值仅有 0.285732750939347, 经济的发展速度会随之增加, 此时我们需要改用更大的消费参数来测试其稳定性. 同理, 对于 1963 年英国 9 产品模型的稳定性测试也可以如此进行.

表 5.18 1960 年爱尔兰 9 产品的等级序

产品序号	产品名称	等级 (P)
1	农、林、渔业	2
2	食品加工	1
3	饮料、烟草	9
4	纺织及服装	5
5	金属及技术装备	8
6	其他制造及矿业	3
7	建筑业	6
8	电力、煤气、水	7
9	服务	4

表 5.19 1960 年爱尔兰 9 产品的稳定性新测试

$T^{+}_{\mu_0}$ \ α / μ_0	$\frac{5}{6}$	$\frac{6}{7}$	$\frac{7}{8}$	$\frac{8}{9}$	$\frac{9}{10}$
$\mu_0^{(1)}$	127 ⑦	151 ⑦	176 ⑦	200 ⑦	225 ⑦
$\mu_0^{(2)}$	227 ⑨	272 ⑨	316 ⑨	361 ⑨	405 ⑨
$\mu_0^{(3)}$	260 ⑨	311 ⑨	362 ⑨	414 ⑨	465 ⑨

1963 年英国 9 产品模型

1963 年英国 9 产品的投入产出表来自 [36] 中的表 1.2, 该表展示的是“基本流量表”, 经换算, 得到对应的“直接消耗系数表”, 使用的结构矩阵 A 是该表中 9 种产品构成的方阵的转置, 结构矩阵满足非负不可约性. 所关心的 9 种产品和等级序见表 5.20.

表 5.20　1963 年英国 9 产品的等级序

产品序号	产品名称	等级 (P)
1	农、林、渔业	8
2	矿山及采掘	6
3	食品、饮料、烟草	9
4	化工、金属、车辆	1
5	纺织、造纸、印刷	4
6	其他制造业	3
7	建筑	7
8	煤气、电力、水	5
9	服务	2

经济的平衡解与稳定性测试

由精细化技术得到以下结果.

$\rho(A) = 0.414507397139663,$

$v = (0.164627549841218,\ 0.0706093867974351,\ 0.140418881364796,$
$0.141405947153084,\ 0.0624865896109735,\ 0.0935347360043880,$
$0.135272699278524,\ 0.0865356762351952,\ 0.0331818603058665),$

$\mu = (1.00212343607130,\ 2.41659561147557,\ 1.\dot{0},$
$49.5511041408539,\ 2.85208894991036,\ 4.35856310755286,$
$1.94324774486798,\ 2.48425641553049,\ 5.24931389108661).$

给出关于初值 μ_0 的三种不同的近似取法 $\{\mu_0^{(j)}\}_{j=1}^3$: 分别取 μ 的小数点后 2, 4, 6 位, 稳定性测试结果如表 5.21 所示.

表 5.21　1963 年英国 9 产品的稳定性新测试

$T_{\mu_0}^+$ \ α / μ_0	$\frac{5}{6}$	$\frac{6}{7}$	$\frac{7}{8}$	$\frac{8}{9}$	$\frac{9}{10}$
$\mu_0^{(1)}$	75 ⑤	89 ⑤	103 ⑤	118 ⑤	132 ⑤
$\mu_0^{(2)}$	118 ⑥	141 ⑥	164 ⑥	186 ⑥	209 ⑥
$\mu_0^{(3)}$	176 ⑤	211 ⑤	245 ⑤	279 ⑤	313 ⑤

图 5.3 展示的两个模型的平衡解曲线, 似乎依然拥有某种相似性.

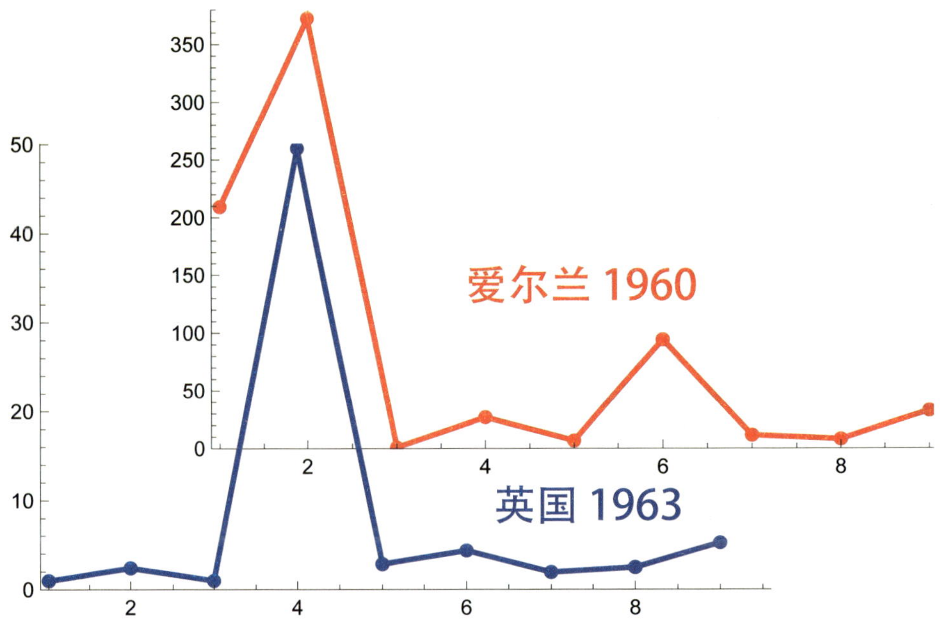

图 5.3 1960 年爱尔兰和 1963 年英国 9 产品的平衡解图

第三部分　数学理论

这一部分介绍本书的理论依据. 前两章为基础部分. 第六章为投入产出模型的基本要点, 华罗庚经济优化理论 (简称华氏经济优化理论, 或更简单些, 华氏理论) 的要点, 特别是带消费情形的艰难探索及其修正与更新. 第七章为随机数学中的一个较初等的工具——马氏链, 它是本书研究经济理论所使用的一个新工具, 贯穿随后的一系列应用. 第八、九、十章是本书关于经济的核心主题: 产品等级排序与分类、预测和调控、结构优化等. 作为本书的结尾, 最后一章介绍我们应用于经济研究的几种新算法, 以及与这个理论进一步发展相关的若干论题的评注.

第六章　华氏理论及修正与更新

在这一章, 我们要给出在前两部分提到的结构矩阵需要满足的条件, 华氏经济优化理论的核心结果, 及该理论的修正与更新. 本书所用到的投入产出模型均见 §2.2.

§6.1　无消费情形

先给出一些必要准备.

非负不可约矩阵的重要结果

为陈述华氏经济优化理论的主要定理, 在投入产出模型 (2.1) 中, 最核心、最重要的条件是结构矩阵 A 需非负连通 (即非负不可约, 见 §2.1). 如若不然, 则从数学的角度看会带来许多问题, 见 [23 新版; 定理 2.6 上方注的脚注, 第二章 §6 末的例子及脚注].

在给出非负不可约矩阵的重要结果之前, 先给出周期的概念.

记 $E=\{1,2,\cdots,d\}$, $A=(a_{ij}:i,j\in E)$, $A^n=(a_{ij}^{(n)}:i,j\in E)$. 假定对于每一个 $i\in E$,

$$\{n\geqslant 1: a_{ii}^{(n)}>0\}\neq\emptyset. \tag{6.1}$$

定义 6.1　点 $i\in E$ 的**周期**定义为 (6.1) 中集合元素的最大公约数, 记为 d_i. 如 $d_i=1$, 则称 i **非周期**. 当 A 不可约时, 可证一切 i 同周期 [9; 定理 1.26]. 此时称之为 A 的周期. 特别地, 如共同周期为 1, 则称 A 非周期.

容易看出: 对于不可约矩阵 A, 只要其对角线含一正元素, 就是非周期的. 此时有如下性质.

命题 6.2　对于非负不可约、非周期的 A, 存在自然数 $M\leqslant(d-1)^2+1$ 使得当 $m\geqslant M$ 时, A^m 为正方阵 (见 [26; 例 8.3.4 和习题 8.3.9]). 若对角线元素全正, 则结论可加强为 $M\leqslant d-1$ (见 [26; (8.3.5) 式]). 记满足

条件的最小 M 为 $M_{\min}$.

下述定理是非负不可约矩阵最重要的结果, 也是华氏经济优化理论的基石.

定理 6.3 [Perron-Frobenius: 1907, 1912] 非负不可约矩阵 A 的谱半径 $\rho(A)$ 是正的单重特征值, 其左、右特征向量也是正的.

该定理的证明过程较长, 详见 [23; 第二章], 当然还可从诸多矩阵论书中或网上学术搜索中找到证明.

分别以行向量 u 和列向量 v 表示 A 相应于 $\rho(A)$ 的左、右正特征向量 (特征向量可相差一非零常数倍), 满足:

$$uA = \rho(A)u, \qquad Av = \rho(A)v.$$

u 和 v 也简称为 A 的**最大左、右正特征向量**.

命题 6.4 对于非负不可约、非周期 A, 每一个不同于 $\rho(A)$ 的特征值的模均小于 $\rho(A)$.

贯穿全书, 我们使用如下的基本假设.

基本假设 A 非负不可约. 对于无消费情形的稳定性分析, 还假设 A 非周期.

现在讨论无消费情形: 产出全部用于下一轮的投入再生产, 此时的华罗庚投入产出模型如 (2.1), 即

$$x_0 = x_n A^n, \qquad n \geqslant 1.$$

如只是研究稳定性, 即当 $n \to \infty$ 时上式右边的极限行为, 则只需用到 A^n 的渐近行为, 不必假定 A 可逆. 但当 A 可逆时, 上式等价于

$$x_n = x_0 A^{-n}, \qquad n \geqslant 1.$$

华罗庚经济优化的基本定理

定理 6.5 在基本假设下, 设 A 可逆, 则第 n 步产出 $x_n = x_0 A^{-n}$, $n \geqslant 1$, 其中 x_0 为投入.

(1) 经济系统的最佳投入是 $x_0 = u$ (即 A 的最大左特征向量), 此时经济的最佳发展速度为 $\rho(A)^{-1}$ (允许 A 有周期).

(2) 反之, 再设 A 非周期, 若 $x_0 \neq u$, 则必定存在自然数 n_0, 使得当 $n \geqslant n_0$ 时, x_n 含零或不同符号的分量, 此时简称经济系统在时间 n_0 处失衡或崩溃, 即

$$\text{失衡时}: T_{x_0} = \inf\left\{n: \ x_n\text{的某个分量} \leqslant 0\right\} < \infty,$$
$$\text{崩溃时}: T_{x_0}^{+} = \inf\left\{n: \ x_n\text{的某个分量} < 0\right\} < \infty.$$

此定理实际给出了两次优化.

优化 1: 从经济最佳发展速度的角度出发, 最佳投入一定是左特征向量 u, 即 $x_0 = u$;

优化 2: 如果希望经济系统永远不崩溃, 最佳投入也一定是左特征向量 u, 即 $T_{x_0}^{+} = \infty \Rightarrow x_0 = u$.

关于优化 1 的证明　依通常极大极小化原理, 对于向量 x_1, 在矩阵 A 的作用下, 其发展最慢的分量是

$$\inf_k \frac{(x_1 A)(k)}{x_1(k)}.$$

所述原理是挑选 x_1 使上式达到最大 (即上式关于 $x_1 > 0$ 的 sup). 使用第二章所述的 C-W 公式 (使用其对偶形式, 即取共轭比值) 知, 当且仅当 x_1 为 A 的最大左特征向量 u 时达到最大值 $\rho(A)$. 简言之, 依上述原理所得到的最优解满足特征方程: $uA = \rho(A)u$.

回到我们的经济模型 $x_0 = x_1 A$, 依上段结论, $x_0/x_1 = x_1 A/x_1$ 的最优解就是 $\rho(A)$. 故 x_1/x_0 的最佳速度为 $1/\rho(A)$.

关于优化 2 的证明　留到下节使用 P 证之.

因此, 从以上两方面考虑, 经济系统的最佳投入一定是左特征向量. 区别于已有的经济学理论 (源于不动点定理等定性研究平衡解), 华氏经济优化理论是可计算的.

§6.2 带消费情形

研究过程与更新

上一节的无消费模型是一个很好的数学样板, 从问题的本质入手, 简明扼要, 因而易于理解模型的核心要素. 但此模型却不切实际. 实际中当然不能没有消费. 对于带消费的研究, 其要点是每一年要拿出一部分用于消费而不是全部用于再生产. 对于带消费的模型, 华先生曾建议过两种处理方法.

情形 1: 在 [16; (IV)] 和 [19] 中, 将带消费的数学模型写成

$$x_n - \xi_n = x_{n+1}A, \tag{6.2}$$

其中 ξ_n 表示消费量.

情形 2: 在 [21] 和 [25] 中, 则将上式左边改写为

$$x_{n+1} - \xi_n.$$

在 1984 年和 1985 年春, 华先生曾引进并认真研究了一种处理方案, 将 (6.2) 的左式合并考虑, 并取 y_n 为第 n 年的投入产综, 即

$$y_n = x_{n+1}A.$$

也可将上式写成 $y_{n-1} = x_nA$, 即 $x_n = y_{n-1}A^{-1}$, 此时将第 n 年产综增量的 α 倍 $\alpha(x_n - y_{n-1})$ 作为消费, $\alpha \in (0,1)$ (此处的 α 与本书其他地方所用的含义不同), 则第 n 年可用于第 $n+1$ 年生产的产综为

$$y_n = x_n - \alpha(x_n - y_{n-1}) = (1-\alpha)x_n + \alpha y_{n-1} = y_{n-1}((1-\alpha)A^{-1} + \alpha I).$$

定义 $B_\alpha = (1-\alpha)A^{-1} + \alpha I$, 则模型变成

$$y_n = y_{n-1}B_\alpha \quad 或者 \quad y_n = y_0B_\alpha^n. \tag{6.3}$$

此模型中, $\alpha\in(0,1)$ 为消费比例, 此时的经济发展速度为 $\frac{1-\alpha}{\rho(A)} + \alpha$.

在 2021 年之前, 我们一直延用该方案. 华先生对该方案并不满意, 所以一直在寻找更好的方案. 他最后的手稿可能是 1984—1985 年的系列论文的最后一篇, 编号 (XI) (标明了写作日期为 1985 年 4 月 20 日), 是对之前论文 (I)—(X) 的小结. 此文他并未投稿, 因为杂志标明该稿的收稿日期为 1985 年 7 月 25 日, 比他仙逝的时间 1985 年 6 月 12 日还晚了 43 天. 所以笔者之一猜测他应是在 1985 年 4 月 20 日至 6 月 11 日这段时间内完成了书稿 [23] (也是他仙逝后才出版的). 正是在这段时间内, 他想到了一个新方案, 写在文献 [23; 第三章第一节的最后 8 行]. 在此书中, 他对于前面的系列论文全部不提. 2021 年暑假, 笔者之一见到此书时对于此事觉得奇怪, 心想他可能来不及写完全书, 哪知该书序言的第一句话为"序言是在书成之后写的, 但总放在书的前面". 所以上面的猜测显然错了. 他接着写道: "探索也往往如此, 由简单开始, 在实践中, 在思考中不断深化, 不断发展. 新的概念和方法出现, 旧的不断被扬弃或遗忘, 因而思索与实践的宝贵过程反而淹没不见了, 而书上、文章上所见到的是成熟的或作者自以为成熟的结论. 当然, 不是说体系完备、证明严正的书不必要, 而是说读者往往要花很多的时间和精力, 才能领会这些结果是怎样得来的, 作者为什么如此表达等等." 这几句话包含着密码, 以破解专著 [23] 所隐藏的秘密. 笔者之一获悉华先生的新方法 (情形 3) 已是 2021 年年底, 该想法已经沉睡了 37 年. 因为来之不易, 所以写下这段历史.

情形 3: 带消费情形的华氏模型的更新是将 (6.2) 中的 ξ_n 用下式表示.

$$\xi_n = \gamma(x_{n+1} - x_n), \qquad \gamma \in (0, 1).$$

此处假定 $\rho(A) < 1$ 使得上式右边在稳定区域为正. 然后, (6.2) 变成

$$x_n - \gamma(x_{n+1} - x_n) = x_{n+1}A.$$

合并后得到

$$x_n = x_{n+1}A_\gamma \quad \text{或者} \quad x_0 = x_n A_\gamma^n, \tag{6.4}$$

其中

$$A_\gamma = \frac{A+\gamma I}{1+\gamma}, \quad \rho(A_\gamma) = \frac{\rho(A)+\gamma}{1+\gamma}.$$

I 是单位矩阵, A 和 A_γ 都是非负矩阵. 其贡献是将带消费模型划归为无消费模型的研究, 要点是将增长的比例用于消费. 这是带消费的华氏模型, 也是我们随后一系列工作的出发点.

修正与再更新

更新模型 (6.4) 对应的经济发展速度为 $\rho(A_\gamma)^{-1}$, 通常 $\rho(A)<1$, 此时增长速度为

$$\rho(A_\gamma)^{-1} - 1 = \frac{1-\rho(A)}{\rho(A)+\gamma} \downarrow \frac{1-\rho(A)}{1+\rho(A)} > 0, \qquad \text{当}\, \gamma \uparrow 1.$$

换言之, 此模型对于 $\gamma \in (0,1)$ 拥有一致正的增长速度. 这当然与实际不符. 所以此模型存在小失误! 为使右边趋于零, 当且仅当 $\gamma \uparrow \infty$. 由此, 我们选取 $\gamma_\alpha = \alpha(1-\alpha)^{-1}$, 消费参数 $\alpha \in (0,1)$. 自此以后, 我们所用的 $\gamma_\alpha \in (0,\infty)$ 与上一节的 $\gamma \in (0,1)$ 完全不同. 此时模型 (6.4) 变成

$$x_n = x_{n+1}A_\alpha \quad \text{或者} \quad x_0 = x_n A_\alpha^n, \tag{6.5}$$

其中

$$A_\alpha = (1-\alpha)A + \alpha I, \quad \rho(A_\alpha) = (1-\alpha)\rho(A) + \alpha, \quad \alpha \in (0,1). \tag{6.6}$$

这是模型 (2.2) 的原始出处. 算子 A_α 来得有点儿意外但却十分自然: 它是无消费算子 A 与无增长算子 I 的凸组合. 留心通常 γ 是指取出

增产部分的比例用于消费, 所以过去一直假定其值小于 1. 可见 A_α 中用于"消费算子" I 的比例 α 与先前增量比例的 γ 用于消费的含义完全不同. 其实, 当 $\alpha \to 1$ 时, 增量 $\to 0$. 因此, 以其 $\gamma_\alpha > 1$ 的倍数作为消费不仅合理, 而且必要, 因为消费总量需要有某种稳定性. 这同时表明: 模型 (6.4) 只将增产的一定比例 $\gamma \in (0,1)$ 用于消费并不完全合理, 如同已在 [2; 例 13 和例 14] 测试所示, 当 $\alpha = 5/6$ ($\Leftrightarrow \gamma_\alpha = 5$) 时, 此系统比 $\alpha \leqslant 1/2$ ($\Leftrightarrow \gamma_\alpha \leqslant 1$) 时远为稳定. 事实上, 从 A_α 的表达式可以看出, 系统的稳定性随 α 的增加而增强. 华先生的新方案 (模型 (6.4)) 将原本可能远为复杂的情形转化为相对简单且最基础的无消费情形. 从文 [7, 8] 和 [21, 25] 不难看出新方法大大简化了华先生早先的理论 (原方法需使用更多 A 的谱性质, 现在只用主特征对), 极为难能可贵, 无疑将对未来的发展产生巨大影响.

在详细介绍带消费情形探索的过程之后, 值得作个小结. 下述结果是新理论的第一个基本结果, 在前面已反复用过.

定理 6.6 设 A 非负不可约.

- 带消费模型的发展方程为

$$x_n - \gamma_\alpha(x_{n+1} - x_n) = x_{n+1}A, \qquad \gamma_\alpha := \frac{\alpha}{1-\alpha}.$$

  其中 γ_α 为消费倍数, 而 $\xi_{n-1} := \gamma_\alpha(x_n - x_{n-1})$ 称为第 n 年的可用消费量. 上述方程等价于 (6.5), 其中的 A_α 如 (6.6) 所示.
- 约定 $A_0 = A$, 对于每一个 $\alpha \in [0,1)$, A_α 也非负不可约, 而且有共同的最大左、右特征向量 u 和 v. 此外, 对于每一个 $\alpha \in (0,1)$, A_α 非周期.

第七章　马尔可夫链技术

笔者之一长期研究马氏链, 早在 1989 年就用其证明华氏经济优化理论 (定理 6.5 第二项断言). 近几年马氏链技术才逐步成为研究经济的基本工具.

在本书第一章介绍经济的平衡解和稳定性测试以及产品的等级序与分类等内容时都用到了马氏链技术中的转移概率, 并通过例子说明, 使用转移概率表研究上述问题与使用投入产出表具有相同的稳定性 (定理 7.3), 且前者更合理.

为进一步研究经济系统的平衡解、稳定性测试、产品的等级序与分类、结构优化等问题, 本章在给出两张表转换的理论之前先简单介绍一下马氏链.

§7.1　马氏链

所谓 (离散时间参数的) 马氏链, 乃是一列随机变量 $\{X_n\}_{n\geqslant 0}$, 其在任一时刻 n 的概率分布 $p^{(n)} = (p_j^{(n)} : j = 1, 2, \cdots, d)$. 由初分布 $p^{(0)}$ 和转移概率矩阵 $P = (p_{ij} : i, j = 1, 2, \cdots, d)$ 完全确定. 后者乃非负、行和全为 1 的方阵. 详言之, 由 $p^{(1)} = p^{(0)}P$, 即由下式

$$p_j^{(1)} = \sum_i p_i^{(0)} p_{ij}, \qquad j = 1, 2, \cdots, d$$

给出 $p^{(1)}$, 它由 $p^{(0)}$ 和 P 完全确定. 假设现在处于时刻 1, 为计算 $p^{(2)}$, 可视现在为出发时间, 即视 $p^{(1)}$ 为初分布, 得出

$$p^{(2)} = p^{(1)}P = p^{(0)}P^2.$$

递推下去有

$$p^{(n)} = p^{(n-1)}P = \cdots = p^{(0)}P^n.$$

这与我们的经济模型一致. 假如现在是第 $n-1$ 年, 那么下一年的产出 x_n 由下式给出

$$x_{n-1} = \begin{cases} x_n A, & \text{无消费情形,} \\ x_n A_\alpha, & \text{带消费情形,} \end{cases}$$

它只依赖于 x_{n-1} 和结构矩阵 A 或 A_α, 而与之前的产综 $\{x_k : k < n-1\}$ 无关.

事实上, 上面的分析也告诉我们, 一个马氏链本质上差不多由转移概率矩阵 P 完全确定. 只需补上任意选定的初分布而已. 所以我们有时也直接把 P 称为马氏链.

称概率分布 π 为 P 的平稳分布, 如对于一切 $n \geqslant 0$, 有 $p^{(n)} = \pi$. 等价地, 有 $\pi = \pi P^n$, $n \geqslant 0$. 类似地, 称非负测度 μ 为 P 的不变测度, 如 $\mu = \mu P$. 等价地, $\mu = \mu P^n$ 对于一切 $n \geqslant 0$ 成立.

马氏链遍历定理 [参见[9; 定理 1.17(3)]] 对于每一个不可约、非周期的有限马氏链 P, 存在唯一平稳分布 π : $\pi = \pi P$, $\pi > 0$, $\pi \mathbb{1} = 1$, 并且有 (一致收敛):

$$\lim_{n\to\infty} P^n = \mathbb{1}\pi = \mathbb{1} \otimes \pi = \begin{pmatrix} \pi \\ \pi \\ \vdots \\ \pi \end{pmatrix}.$$

由遍历定理就可以证明华氏经济优化理论的主要结论, 即“失衡、崩溃”的断言.

$A=P$ 的特殊情况 (定理 6.5 第二项断言) 的证明 待证: 对于给定的正 (相应地, 非负) 的 μ_0 : $\mu_0 \mathbb{1} = 1$, 为使下式

$$\mu_0 = \mu_n P^n$$

中的每一个解 μ_n 为正, 当且仅当 $\mu_0 = \pi$.

由于 $P\mathbb{1} = \mathbb{1}$ 及所给条件得 $\mu_n\mathbb{1} = 1$ 对一切 $n \geqslant 1$ 成立. 由此及 $\{\mu_n\}$ 的正性知: 存在子序列 $\{\mu_{n_k}\}$, 它一致收敛于某非负的 $\bar{\mu}$ 且 $\bar{\mu}\mathbb{1} = 1$. 于是

$$\mu_0 = \lim_{k\to\infty} \mu_{n_k} P^{n_k} = \bar{\mu}\mathbb{1}\pi = \pi.$$

这就证得了我们的主要结论 $\mu_0 = \pi$. 换言之, 若 $\mu_0 \neq \pi$, 则不可能每步都有 $\mu_n > 0$, 从而 $T_{\mu_0} < \infty$. 相应地, 不可能每步都有 $\mu_n \geqslant 0$, 从而 $T_{\mu_0}^+ < \infty$ (这里的 T_{μ_0} 与定理 6.5 的 T_{x_0} 平行, 又见推论 8.2. 类似地有 $T_{\mu_0}^+$). □ (证明末尾的 □ 是终止符, 表示完成证明.)

对于一般的 A, 崩溃定理 (定理 6.5 (2)) 的证明留待 §7.2 完成.

引理 7.1 非负不可约、行和全为 1 的方阵的最大特征值为 1.

证明 熟知这种方阵有特征值 1, 对应于特征向量 $\mathbb{1}$.

另外, 将定理 2.1 (C-W 公式) 应用于列向量 $\mathbb{1}$, 得知其最大特征值有上界 1, 综合这两个断言得出所需结论. □

从上述马氏链的概念和性质以及马氏链遍历定理, 我们已经看到, 如果投入产出的结构矩阵就是转移概率矩阵就非常简单了, 现在的问题是: 如何将一般的非负不可约矩阵 A 转化为转移概率矩阵 P? 此题留待下一节研究.

我们常把 A 的特征值及所对应的右特征向量放在一起: (λ, g), 并称之为 A 的特征对. 今考虑 A 与单位矩阵 I 的线性组合 $A_{\alpha,\beta} := \alpha A + \beta I$ 及 A 的相似变换 $A_T := T^{-1}AT, T$ 为可逆方阵. 那么, 我们有 (λ, g) 为 A 的特征对当且仅当 $(\alpha\lambda + \beta, g)$ 为 $A_{\alpha,\beta}$ 的特征对. 两者有相同的特征向量, 但特征值不同. 类似地, 前者也等价于 $(\lambda, T^{-1}g)$ 为 A_T 的特征对, 此时, 两者有相同的特征值, 但特征向量不同. 证明甚易. 例如, 对前一断言, (λ, g) 为 A 的特征对等价于关于 A 的特征方程 $Ag = \lambda g$ 成立. 易证后者等价于关于 $A_{\alpha,\beta}$ 的特征方程 $A_{\alpha,\beta}g = (\alpha\lambda + \beta)g$. 此外, A 与 A^* 有相同的特征值, 其左、右特征向量转置后互换.

附录 极限定理

结合马氏链遍历定理与 (2.5), 很自然地得到如下定理.

极限定理 [参见[23 新版; 定理 2.11 及脚注]] 对于每一个非负、不可约、非周期的方阵 A, 其最大特征值为 $\rho(A)$, 对应的左、右特征向量分别为 u, v, 无妨设 $uv = 1$, 则

$$\lim_{n\to\infty}\left[\frac{A}{\rho(A)}\right]^n = v \otimes u.$$

证明 由 $\pi = u \odot v$, 有

$$\lim_{n\to\infty}\left[\frac{A}{\rho(A)}\right]^n = \lim_{n\to\infty} D_v P^n D_v^{-1} = D_v \mathbb{1}\pi D_v^{-1} = v\otimes(u\odot v\odot v^{-1}) = v\otimes u.$$

§7.2 方阵与马氏链及关键变换

考虑一种特殊情形: A 为转移概率矩阵 P. 此时左正特征向量就是 P 的平稳分布, 常记作 $\pi: \pi = \pi P$. 在不可约条件下, 此平稳分布唯一, 由此可体会到离开平稳分布系统就会出问题. 进一步地, 能否将经济系统的稳定性化归为马氏链的稳定性来研究? 首先, 这需要从 A 构造出紧密相关的 P, 且 P 满足: 非负、行和为 1. 第一个条件很容易满足. 问题在于第二个条件: 行和为 1. 这意味着我们需要修改 $A\rho(A)^{-1}$ 的每一列元素, 即右乘一个正向量 (如 w) 所生成的对角矩阵 D_w, 得矩阵 $\rho(A)^{-1}AD_w$, 此矩阵的行和未必是常数, 所以每一行还需要归一化. 命矩阵

$$A_w = D_w^{-1}\frac{A}{\rho(A)}D_w. \tag{7.1}$$

下面给出由 (7.1) 所定义的 A_w 成为转移概率矩阵 P 的条件以及 P 的主要性质.

定理 7.2 [陈: 1989/1992, 2022] 设 A 非负不可约, 其最大特征值为

$\rho(A)$, 对应的左、右特征向量分别是 u, v. 则

(1) A_w 为转移概率矩阵 P 当且仅当 $w = v$;

(2) $\rho(P) = 1$, 其所对应的左、右特征向量分别为 $\mu := u \odot v$ 和 $\mathbb{1}$. 特别地, P 有平稳分布 $\pi = u \odot v/(uv)$: $\pi = \pi P$.

证明 不妨设 $\rho(A) = 1$.

(1) 由 (7.1) 中 A_w 的表达式知

$$A_w \mathbb{1} = D_w^{-1} A D_w \mathbb{1} = D_w^{-1} A w \stackrel{?}{=} \mathbb{1}. \tag{7.2}$$

还需回答 (7.2) 后面?所示问题. 第一项断言成立当且仅当 $Aw = D_w \mathbb{1} = w$.

(2) 由 (1) 可得 (2.5), 即

$$P = D_v^{-1} \frac{A}{\rho(A)} D_v.$$

于是

$$\mu P = u \odot v P = u \odot v D_v^{-1} A D_v = u A D_v = u D_v = u \odot v = \mu.$$

故 $\mu := u \odot v$ 为 P 的左特征向量. 将 μ 归一化为 $\pi = u \odot v/(uv)$, 即为 P 的平稳分布. 又

$$P\mathbb{1} = D_v^{-1} A D_v \mathbb{1} = D_v^{-1} A v = D_v^{-1} v = \mathbb{1}.$$

故由引理 7.1 知, $\rho(P) = 1$, 且 P 的右特征向量为 $\mathbb{1}$. □

一般情形定理 6.5 第二项断言的证明 由定理 7.2 (1) 知

$$D_v^{-1} \left(\frac{A}{\rho(A)} \right)^n D_v = P^n. \tag{7.3}$$

这样,

$$\left(\frac{A}{\rho(A)} \right)^n = D_v P^n D_v^{-1}.$$

今设 $\{x_n\}_{n\geqslant 0}$ 满足 $(x_0D_v)\mathbb{1}=1, x_0=x_nA^n$ 且 $x_n\geqslant 0\,\forall n$. 我们由此导出 $x_0=u$ (可相差一正常数因子). 命 $y_n=\rho(A)^n x_nD_v$, 显然 $y_n\geqslant 0$, $y_0\mathbb{1}=1$, 并且关于 $\{x_n\}_{n\geqslant 0}$ 的方程变为

$$y_0=y_nP^n.$$

由此可见 $y_n\mathbb{1}=1\,\forall n$. 由定理 7.2 (2) 和已证的 $A=P$ 的特殊情形, 得出 $y_0=u\odot v/(uv)$, 即 $x_0=u/(uv)$. 得出所述断言: 为使一切 x_n 非负, 初值只能是 u. □

下面结果给出关于 A 和 P 的两种迭代算法的等效性.

定理 7.3 P 的迭代序列 $\{\mu_n\}_{n\geqslant 0}$ 与 A 的迭代序列 $\{x_n\}_{n\geqslant 0}$ 及 v 满足恒等式:

$$\mu_n=\rho(A)^n x_n\odot v,\qquad n\geqslant 0,\tag{7.4}$$

$$x_n=\rho(A)^{-n}\mu_n\odot v^{-1},\qquad n\geqslant 0.\tag{7.5}$$

因此, 两种算法等效.

证明 设 $\{x_n\}_{n\geqslant 1}$ 是由方程 $x_0=x_nA^n$ 所决定的递推解, 那么

$$\begin{aligned}x_0D_v&=x_nD_vD_v^{-1}A^nD_v\\&=[\rho(A)^nx_nD_v]\,D_v^{-1}\left(\frac{A}{\rho(A)}\right)^nD_v\\&=[\rho(A)^nx_nD_v]\,P^n.\end{aligned}$$

留意由 §2.3 中的算符及性质知, $x_0D_v=\rho(A)^0x_0\odot v$. 这样, $\mu_n:=\rho(A)^nx_n\odot v\,(n\geqslant 0)$ 就是递推方程 $\mu_0=\mu_nP^n\,(n\geqslant 1)$ 的解, 这便证明了 (7.4). 等价地, 证得 (7.5). □

在 (7.4) 两边右乘向量 $\mathbb{1}$, 得出 $\rho(A)^nx_nv=\mu_n\mathbb{1}$. 特别地, 如取 $x_0=u$, 则 $\mu_0=u\odot v$, 归一化条件为 $uv=\mu_0\mathbb{1}=1=\pi\mathbb{1}$. 留意 μ_n 与 x_n 相差一个指数式主阶 $\rho(A)^n$ 及一常值向量因子 v.

定理 7.3 的拓广形式见定理 10.7.

§7.3 带消费新模型的转移概率矩阵

如 (2.2) 所述, 带消费情形的投入产出新模型为

$$x_0 = x_n A_\alpha^n, \quad A_\alpha := (1-\alpha)A + \alpha I, \quad \alpha \in (0,1), \quad n \geqslant 1.$$

根据转移概率技术, 我们有

引理 7.4 相应于上述 A_α, 有

$$P_\alpha = (1-\beta_\alpha)P + \beta_\alpha I, \qquad \beta_\alpha := \alpha[(1-\alpha)\rho(A)+\alpha]^{-1}.$$

此外, $\{P_\alpha : \alpha \in [0,1)\}$ 有共同的最大特征值 1 及其左、右特征向量 $u \odot v$ 和 $\mathbb{1}$.

证明 由于 $\{A_\alpha : \alpha \in [0,1)\}$ 有共同的最大右特征向量 v, 由 (2.5) 知

$$\begin{aligned}
P_\alpha &= D_v^{-1}\frac{A_\alpha}{\rho(A_\alpha)}D_v \\
&= \frac{1}{\rho(A_\alpha)}D_v^{-1}[(1-\alpha)A+\alpha I]D_v \\
&= \frac{1}{\rho(A_\alpha)}[(1-\alpha)D_v^{-1}AD_v + \alpha D_v^{-1}ID_v] \\
&= \frac{1}{\rho(A_\alpha)}[(1-\alpha)\rho(A)D_v^{-1}\frac{A}{\rho(A)}D_v + \alpha I] \\
&= \frac{1}{\rho(A_\alpha)}[(1-\alpha)\rho(A)P + \alpha I] \\
&= \frac{(1-\alpha)\rho(A)P+\alpha I}{(1-\alpha)\rho(A)+\alpha} \\
&= (1-\beta_\alpha)P + \beta_\alpha I,
\end{aligned}$$

其中, $\beta_\alpha := \alpha/\rho(A_\alpha) = \alpha[(1-\alpha)\rho(A)+\alpha]^{-1}$. □

由定理 7.3, 同样可以证明关于 A_α 和 P_α 的两种迭代算法也具有等效性, 详见推论 10.8. P 的左特征向量 $\mu := u \odot v$ 具有明确的经济学含义, 将在后一章给出合理解释.

第八章　产品的等级排序、分类和稳定性

华氏经济优化理论的核心是系统的稳定性, 即经济系统唯一稳定解是取投入 x_0 为结构矩阵 A 的最大左特征向量 u, 如若不然, 经济必定会走向崩溃, 即在经济运行到某年之后, 必定会出现负值产品. 也就是说, 最大左特征向量是华氏经济优化模型的唯一平衡解, 即各产品之间按比例投入的解唯一. 这里, 我们希望对结构矩阵 A 和变换后的矩阵 P, 特别是其最大特征值对应的左特征向量做进一步分析.

§8.1　产品等级排序与分类

产品等级排序

现实中有很多领域常使用最大特征向量, 如网络搜索 (WebSearch)、主成分分析 (PCA) 和量子计算等. 后两种情况分别使用实对称矩阵与复厄米矩阵, 它们的特征值都是实的, 当然有最大特征向量, 它常为非正的 (后者常为复的). 而对于网络搜索, 常常是元素为 0 或 1 的较为简单的非负矩阵, 平时我们利用网络搜索输出的顺序, 就是使用矩阵的最大特征向量的分量由大到小的排序, 称为网页等级 (PageRank).

类似地, 我们可否使用结构矩阵 A 的最大特征向量来定义产品 (产业, 部门) 等级, 然后对产品进行排序? [23; 第一章 §7] 指出, 在经济学中, A 的最大特征值 $\rho(A)$ 对应的左、右特征向量 u 和 v 有明确的经济学含义: u 表示各产品的数量, v 表示各产品每个单位的真实价值 (常不同于市场价格). 那么经过相似变换后的转移概率矩阵 P 的左特征向量 $\mu := u \odot v$ 表示各产品的真实总价值, 它们有统一量纲. 因此相较于用 A 的左特征向量 u, 使用 P 的左特征向量 μ 对产品进行排序更具科学性, 优点如下.

(1) μ 综合了 A 的三大特征 $(\rho(A), u, v)$, 而 u 仅用到 A 的两个特征 $(\rho(A), u)$, 故 μ 更全面地反映出系统的本质特征;

(2) 使用 P 或 A 的稳定性完全重合, 但前者的振幅远小于后者 (从第一章的例子中可以看出);

(3) 如上所述, μ 拥有重要经济学含义, 但 u 不然, 其各产品的量纲不同.

上述三点说明了使用 P 的左特征向量 μ 进行产品 (产业) 等级排序的合理性. 非常有趣的是: 若以厄米阵代替 A, 则其左、右特征向量的分量积等于右特征向量分量模的平方. 这对应于量子力学中波函数的概率解释, 导出了闻名于世的量子力学"百年大战"的一种数学上的新解释.

在本书的第一、三、四章, 我们对 2000 年的投入产出表中 17 产品进行了排序 (表 1.6, 表 3.3), 对 2007, 2012 和 2017 年三个年度的 42 产品进行了排序 (表 4.9), 并对横跨 15 年我国经济发展的变化和产品序的变化做出了合理的分析和解释 (图 1.7).

产品分类

接下来如何给出产品的分类? 按照什么样的标准对产品进行分类?

前面已经使用 P 的左特征向量 μ 对产品进行排序, 这与用 π 排序 (μ 归一化) 是等效的. 很自然地可以从 P 的唯一平稳分布 $\pi = (\pi_k,\ k = 1, 2, \cdots, d)$ 着手, 来讨论产品 (产业) 的分类问题. 对每一个 k, π_k 刻画了第 k 种产品对经济系统的贡献, π_k 越大, 对应的产品对经济系统的贡献越大, 而取值小的 π_k 贡献相对小些, 稳定性也差些. 前者可以认为是经济系统中的*拳头产品* (统计学中的主成分), 后者是经济系统中的*弱势产品*. 为给出产品分类准则, 我们引入*累积 (概率) 分布函数*的定义.

定义 8.1 将 P 的平稳分布 π (与 μ 等效) 的分量由小到大重新排序, 记为 $p_1, p_2, \cdots, p_d$, 得到如下累积 (概率) 分布函数 $F(n)$ (即 §1.2 中的

累积百分比):

$$F(0)=0,\quad F(n)=\sum_{i=1}^{n}p_i,\quad F(d)=1.$$

$F(n)$ 表示前 n 种产品的累积 (概率) 分布函数.

我们利用累积 (概率) 分布函数 $F(n)$ 来研究经济系统产品 (产业) 的分类问题, 可将产品分为三大类: 拳头产品 (支柱产业)、弱势产品 (瓶颈产业) 和中间产品 (详见 §1.2), 分类标准为

- 拳头产品: $F(n)\geqslant 0.5$;
- 弱势产品: $F(n)\leqslant 0.05$;
- 中间产品: 其他情形.

当然, 分类标准可根据具体问题给出不同的阈值. 比如当弱势产品数量过多时, 可以利用 $F(n)\leqslant 0.01$ 对“弱势产品”再进行细分, 如图 1.8 所示.

按照上述分类标准, 在本书的第一、三、四章, 对 2000 年的投入产出表中 17 产品进行了分类 (图 1.4), 对 2007, 2012 和 2017 年三个年度的 42 产品进行了分类 (图 1.8). 从图 1.7 和图 1.8 可以清楚地看到, 横跨 15 年, 我国经济发展过程中三个年度的 42 产品平衡解图和累积百分比曲线何其相似. 在 §1.2 中我们结合经济发展对拳头产品序的变化做出了合理解释.

§8.2 稳定性分析

由定理 7.3 知, A 与 P 具有完全相同的稳定性, 更详细些, 我们有如下结果.

推论 8.2 μ_n 含零 (或负) 分量当且仅当 x_n 如此. 命

$$\begin{aligned}&\text{失衡时}: T_{x_0}=\inf\left\{n\colon \exists\, j\ \text{使得}\ x_n^{(j)}\leqslant 0\right\},\\&\text{崩溃时}: T_{x_0}^{+}=\inf\left\{n: \exists\, j\ \text{使得}\ x_n^{(j)}<0\right\}.\end{aligned}$$

类似地, 可定义 T_{μ_0} 和 $T_{\mu_0}^+$, 则有 $T_{\mu_0} = T_{x_0}$, $T_{\mu_0}^+ = T_{x_0}^+$, 更进一步有

$$T_{\mu_0} \leqslant T_{\mu_0}^+ \leqslant T_{\mu_0} + M_{\min} \quad (参见命题 6.2),$$

即两者相差有限.

下面关于失衡时 T_{x_0} 与崩溃时 $T_{x_0}^+$, 给出一点儿历史性的说明. 在文献 [1] 和 [4~9] 中, 称前者为崩溃时, 并未使用后者. 原因是在文 [20] 的证明中预先假定每步"$x_n > 0$", 然后再导出矛盾, 从而该假定的否定就是存在"$\leqslant 0$"的分量. 再说此文基本定理的陈述中"有不同号支量"而并非"有负的支量". 例如, 常用的符号函数 sgn 有 $+1$, 0 和 -1 三种. 经查阅, 在 1983 年投稿的包括文 [20] 之后, 华先生在文 [19, 23] 的证明中, 将前述的"$x_n > 0$"修改为"$x_n \geqslant 0$"(但证法无需修改), 其否定自然就成为"有负的支量", 即本文的崩溃时 $T_{x_0}^+$. 同时表明, 两者同时有限, 当然还有 $T_{x_0} \leqslant T_{x_0}^+$.

推论 8.2 的证明　因为

$$x_{T_{x_0}} = x_{T_{x_0}+M_{\min}} A^{M_{\min}},$$

$A^{M_{\min}}$ 为正矩阵, $x_{T_{x_0}}$ 含有零分量, 故 $x_{T_{x_0}+M_{\min}} \neq 0$ 必定含有负的分量. 这证得 $T_{x_0}^+ \leqslant T_{x_0} + M_{\min}$. 结合上述历史性说明, 完成了推论 8.2 末项断言的证明.　□

类似地, 因为 A 不可约, 不可能含任何零列, 于是推出 $x_{T_{x_0}+1} \neq 0$ 必定含有零分量, 进而 $x_{T_{x_0}+n}$ 对于任何 $n: 2 \leqslant n \leqslant T_{x_0}^+ - T_{x_0} - 1$ 亦如此. 同样证明适用于"$x_{T_{x_0}^+ +n}\,(n \geqslant 1)$ 含有负分量".

例 8.3　下例说明推论 8.2 所给出的 $T_{\mu_0}^+$ 的上界估计可达精确.

命

$$A=\begin{pmatrix}0&1&&&&&&\\1&0&4&&&&&\\&4&0&9&&&&\\&&9&0&16&&&\\&&&16&0&25&&\\&&&&25&0&36&\\&&&&&36&0&49\\&&&&&&49&1\end{pmatrix},$$

则

$$\rho(A)=63.2144,$$

$$v=(0.0000135879,\ 0.00085895,\ 0.0135711,\ 0.0949393,\ 0.367462,\ 0.868395, 1.26968,\ 1).$$

$$P=\begin{pmatrix}0&1&&&&&&\\0.000250246&0&0.99975&&&&&\\&0.00400494&0&0.995995&&&&\\&&0.0203515&0&0.979649&&&\\&&&0.0653939&0&0.934606&&\\&&&&0.167347&0&0.832653&\\&&&&&0.389501&0&0.610499\\&&&&&&0.984181&0.0158192\end{pmatrix}$$

选取初值

$$\mu_0=(1.1191\times10^{-10},\ 2.50675\times10^{-9},\ 0.000105045,\ 0.0000718535,\ 0.0756393,\ 0.00995291,\ 0.891543,\ 0.022688)\ (\text{正向量}).$$

则 $\mu_n=\mu_0P^{-n}$, $n\geqslant 1$ 的输出情况如下表.

μ_1,μ_2	μ_3,μ_4	μ_5,μ_6	μ_7,μ_8	μ_9,μ_{10}	μ_{11},μ_{12}	μ_{13},μ_{14}	μ_{15}
1	2	3	4	5	6	7	含负分量

上表中末尾的 μ_{15} 含负分量. 其他数 k 表示该列非负向量 $\mu_{\#}$ 所含 0 分量的个数. 显然有 $T_{\mu_0}=1$, $T^{+}_{\mu_0}=15$. 可算出 $M_{\min}=14$. 这样, 对于此例我们有 $T^{+}_{\mu_0}=T_{\mu_0}+M_{\min}$. 因此推论 8.2 的末项断言可达精确. 应当说明, 使用上方的逆矩阵 P^{-1} 来计算 μ_n 时, 如果精度不够, 很可能在远小于 15 的地方出现负分量. 我们这里采用的是反向计算: 先取定 $\mu_{\#}=(1,0,0,0,0,0,0,0)$, 然后使用递推 $\mu_{n-1}=\mu_n P$ 依次算出 $\mu_{\#-1},\mu_{\#-2},\cdots$, 找出第一个分量全正的向量, 并将它重新标记为 μ_0. 本例中, 从 $\mu_{\#}$ 开始, 在第 13 步, 由方程 $\mu_{\#-14}=\mu_{\#-13}P$ 首次解出正向量 $\mu_{\#-14}$. 于是 $\#=14$. 然后从 μ_0 开始, 倒过来得出序列 $\{\mu_k\}_{k=1}^{14}$, 即是上面表中所列者. 此法用的只是向量与矩阵的乘法, 避免了矩阵求逆所带来的较大的误差.

对于带消费情形的投入产出新模型 (2.2) 可以使用转换后的模型 (2.7) 进行稳定性分析, 找出相应的失衡时间 T_{μ_0} 和崩溃时间 $T^{+}_{\mu_0}$ 以及对应的产品.

在第三章 2000 年 17 产品的稳定性分析中, 我们选取平衡解 (1.1) 的小数点后 2 位、有效位数不少于 4 位的近似值作为初值, 对于不同的消费参数 α, 给出了经济系统崩溃的时间和相应的崩溃产品, 见表 1.7. 可以看出, 随着消费参数 α 的增加, 经济系统崩溃的时间越来越长, 但崩溃产品无一例外地集中在等级序最后一名的"弱势产品"上.

关于稳定性的测试, 大体上有两种方法: 一是逐次迭代输出, 如表 1.2 和表 1.4 所示. 二是输出比例, 如图 1.1 和图 1.2 所示. 对于多产品的第二种测试方法是利用商综的概念, 如图 1.6 所示.

第九章　预测和调控及可消费比例

我国每年的国务院《政府工作报告》都会明确当年具体的经济增速目标 (但本书中的增速是指经济中部分产业的增速), 如 2022 年提出 5.5% 的增速目标, 2023 年提出 5% 的增速目标等. 在设置增速的条件下, 通过我们的优化模型可以计算出可用消费量. 如果算出的可用消费量不足, 就需要反过来降低增速. 另外, 我们还给出了经济增速与消费参数、消费倍数之间的关系. 通过理论推导得出带消费情形的经济优化模型中不同产品的可消费比例在同一增速下近似一个常值.

§9.1　预测和调控

推论 9.1 ([2; 推论 8])　设经济增速为 $\delta \in (0,\ \min\{\rho(A)^{-1}-1, 1\})$, 则第 $n+1$ 年的可用消费量为

$$\xi_n = \left[\frac{1-\rho(A)}{1-(1+\delta)^{-1}} - 1\right](x_{n+1}-x_n), \tag{9.1}$$

其中 x_n 为递推方程

$$x_n = x_{n+1}A_\alpha = x_{n+1}[(1-\alpha)A + \alpha I], \qquad \alpha := 1 - \frac{1-(1+\delta)^{-1}}{1-\rho(A)}$$

的解, x_0 为预先给定的初值. 反之, 由第 $n+1$ 年的消费不超过 ξ_n 可确定最大增长速度 δ.

证明　由 (3.2)

$$\delta = \frac{1}{\rho(A_\alpha)} - 1 = \frac{1}{(1-\alpha)\rho(A)+\alpha} - 1,$$

得消费参数

$$\alpha = 1 - \frac{1-(1+\delta)^{-1}}{1-\rho(A)} =: \alpha(\delta), \tag{9.2}$$

消费倍数

$$\gamma_\alpha = \frac{\alpha}{1-\alpha} = \frac{1-\rho(A)}{1-(1+\delta)^{-1}} - 1 =: \gamma(\delta), \tag{9.3}$$

因此第 $n+1$ 年的可用消费量为

$$\xi_n(\alpha) = \gamma_\alpha(x_{n+1}-x_n) = \left[\frac{1-\rho(A)}{1-(1+\delta)^{-1}} - 1\right](x_{n+1}-x_n). \qquad \square$$

由 (9.2) 和 (9.3) 知, $\alpha(\delta)$ 与 $\gamma(\delta)$ 都是关于 δ 的减函数, 即当经济增速 δ 加快, 消费就会减少; 反之, 当增速 δ 降低, 消费就会增加.

从上述证明过程可知, 如果已知经济增速 δ, 通过 (9.2) 可以计算出 α, 由 (6.6) 可计算出 A_α, 当给出第 n 年的投入产综 x_n 时, 可用 (6.5) 算出第 $n+1$ 年的产出产综 x_{n+1}, 从而得到第 $n+1$ 年的可用消费量 ξ_n.

反之, 如果给出第 $n+1$ 年的可用消费量 ξ_n 以及第 n 年的投入产综 x_n, 若要预测经济增速 δ, 其核心在于如何求解消费参数 α. 我们先给出如下推论.

推论 9.2 记实际中需要的消费量 (即计划消费量) 为 $\bar{\xi}_n$. 只需使 α 满足 $\bar{\xi}_n \leqslant \xi_n(\alpha)$. 自然定义 $\bar{\alpha} = \inf\{\alpha \in (0,1) | \xi_n(\alpha) \geqslant \bar{\xi}_n\}$, $\bar{\alpha}$ 为 $\bar{\xi}_n$ 对应的消费参数. 留意 $\xi_n(\alpha)$ 关于 α 常单调上升, 那么, 对于每一 $\alpha \geqslant \bar{\alpha}$, 有:

$$\xi_n(\alpha) \geqslant \xi_n(\bar{\alpha}) \geqslant \bar{\xi}_n,$$

此时, 所计划的消费量 $\bar{\xi}_n$ 总受控于可用消费量 $\xi_n(\alpha)$. 由 $\bar{\alpha}$ 及 (3.2) 可决定 $\delta(\bar{\alpha})$.

从 $\xi_n(\alpha)$ 的表达式 $\xi_n(\alpha) = \gamma_\alpha(x_{n+1}-x_n)$ 可知, 当 x_n 和 A 固定

时, 可用消费量 $\xi_n(\alpha)$ 可由 $\alpha\in(0,1)$ 唯一确定. 实质上, $\xi_n(\alpha)$ 等同于产综 $x_{n+1}-x_n$. 更准确地说, 两者等比例, 比例常数为 $\alpha(1-\alpha)^{-1}$. 这是精心设计的、很特别的产综. 一般地讲, 不能指望一个任选的计划消费量 $\bar{\xi}_n$, 它会等于关于某个 α 的可用消费量 $\xi_n(\alpha)$. 但实际应用中, 并不需要这么强的限制, 因为未必总要通过降低经济增速以提高消费量, 也许如 §1.3 所说, 调整消费结构以接近于可用消费量的比例, 或者通过某种方式, 如进口, 补足消费量.

§9.2 可消费比例

定义可消费比例为可用消费量和产出产综的比例常数.

推论 9.3 对于带消费的经济优化模型

$$x_n = x_{n+1}A_\alpha,\quad A_\alpha=(1-\alpha)A+\alpha I,\quad \alpha\in(0,1),$$

有可消费比例 $\eta\approx\alpha(1-\rho(A))$.

证明 先计算可用消费量 $\xi_n(\alpha)$ 与产出产综 x_{n+1} 的商:

$$\frac{\text{可用消费量}}{\text{产出产综}}=\frac{\gamma_\alpha(x_{n+1}-x_n)}{x_{n+1}}=\gamma_\alpha\left[\mathbb{1}^*-\frac{x_n}{x_{n+1}}\right].$$

此时经济发展速度为 x_{n+1}/x_n. 留意当 x_n 充分接近 u 时,

$$x_{n+1}\approx x_n\rho(A_\alpha)^{-1}.$$

于是

$$\frac{x_n}{x_{n+1}}\approx[(1-\alpha)\rho(A)+\alpha]\mathbb{1}^*.$$

由此及 $\gamma_\alpha=\alpha/(1-\alpha)$ 得出

$$\frac{\text{可用消费量}}{\text{产出产综}}\approx\alpha(1-\rho(A))\mathbb{1}^*.$$

这是近乎常值的向量, 于是得到可消费比例

$$\eta \approx \alpha(1-\rho(A)).$$

由 (9.2) 知, 可消费比例

$$\eta \approx (1+\delta)^{-1} - \rho(A).$$

当 $\delta \downarrow 0$ 时, 右边单调上升于 $1-\rho(A)$, 它是可消费比例的最大值.

下面, 我们从可消费比例反观华先生的算法. 设其比例为 $\eta \in [0,1]$ (严格地说, 上面所得的比例常数小于 1, 但此处忽视之, 只想往前走看能得到什么, 到时再加工处理), 则可用消费量就是 ηx_{n+1}. 这对应于华先生书 [23; (3.1.1), 新版 (3.1)] 式中的"开销"产综, 即公式中的可用消费量 ζ_n. 算法为

$$x_n - \eta x_{n+1} = x_{n+1}A.$$

华先生在 [23; 第三章 §1] 中, 花费了一定的篇幅分析如何选择可用消费量: 要点是紧扣系统的唯一平衡解. 在理想的情况下, x_n 和 x_{n+1} 都与 u 成比例. 这里 ηx_{n+1} 选用 x_{n+1} 而不是 x_n 是因经济运行中总是边生产、边消费, 而不是产出后再消费. 上式等价于

$$x_n = x_{n+1}(A+\eta I).$$

可惜右边的结构矩阵变大, 矩阵 A 的系数为 1, 反映不出带消费情形结构矩阵的系数应有所减少的事实, 因为有一部分需用于消费而非用于再生产. 所以此刻的形式简化模型不切实际. 然而, 若将右边作个凸平均, 即使用递推式

$$x_n = x_{n+1}\frac{A+\eta I}{1+\eta},$$

则回到华先生在 [23; 第三章 §1] 中的最后更新, 亦即我们新理论的出

发点. 应当指出, 华先生在此处首次提供了可用消费量的科学分析.

小结 9.4 本章讲述了三种“消费参数”:

$$\text{消费参数: } \alpha=\alpha(\delta)=1-\frac{1-(1+\delta)^{-1}}{1-\rho(A)}.$$
$$\text{消费倍数: } \gamma_\alpha=\frac{\alpha}{1-\alpha}=\gamma(\delta)=\frac{1-\rho(A)}{1-(1+\delta)^{-1}}-1.$$
$$\text{可消费比例: } \eta\approx\alpha(1-\rho(A))=\eta(\delta)=(1+\delta)^{-1}-\rho(A)\ .$$

由 (9.2) 和 (9.3) 可见, 第二行中的 $\gamma(\delta)$ 实际上是 $\gamma_{\alpha(\delta)}$ 的简写. 特别地, 将 δ 应用于序列 $\{k/100\}_{k=3}^{10}$, 对于 2000 年的典型模型, 由 $\gamma(\delta)$ 得到表 1.8, 而由 $\eta(\delta)$ 得到表 1.10. 由表 1.9 及 γ_α 可以看出, 我们关于 α 的采样处于合理区间.

第十章　经济结构优化

经济结构优化在实践中显然很重要. 从理论上讲, 也有相当的深度. 在标准的优化理论中, 常从一个费用函数 (cost function) 或泛函出发展开一个理论. 虽然在书中我们也反复使用这一方法. 例如, §1.4, §3.3 及随后多个模型的优化研究, 所使用的 ℓ^∞ 范数或平均 F 范数都可视为费用函数. 然而这些优化都是第二位的, 此课题的第一核心要务是 §10.1 将要处理的优化的基本解, 以至于这个题目被搁置了很长时间, 参见 [4; Open Problem 10.10].

其实, 对于每一领域的优化理论, 目标可以非常不同, 未必有统一的优化规则. 回顾前面所研究的经济系统的各种问题, 有一个核心: 都是围绕着最大左特征向量展开的. 这里是华先生理论中的两个优化问题及其解答.

- 为得到最快的发展速度, 最佳输入为 $x_0 = u$.
- 为避免崩溃, 最佳输入还是 $x_0 = u$.

沿着这条路线, 一个自然的想法是选择一个新的向量 $\tilde{u}$ 作为优化目标, 然后构造一个新的结构矩阵 $\tilde{A}$, 其左特征向量为预先设计好的 $\tilde{u}$, 这正是文 [12] 的出发点. 此外, 我们要求 $\tilde{A}$ 尽可能接近给定的 A. 最后这个条件在实践中显然很重要. 正是在这点上, 我们回到刚才所说的以费用函数为目标的传统方法.

本章分为三节. 先给出优化的基本解, 再给出最优解, 最后再证明本理论的最主要成果之一: 转换定理或等效原理, 由它导出统一的具有完全相同稳定性的一般变换.

§10.1　优化的基本解

设消费参数 $\alpha \in [0,1)$, 则熟知带消费的结构矩阵为 $A_\alpha = (1-\alpha)A + \alpha I$. 当 $\alpha = 0$ 时, $A_\alpha = A$ 为无消费情形. 矩阵族 $\{A_\alpha : \alpha \in [0,1)\}$ 有许多共有性质, 尤其重要的是: 它们拥有相同的

左、右特征向量 u, v, 尽管最大特征值随 α 变动. 基于此, 为方便起见, 我们常将 $\alpha=0$ 的情形并入“带消费情形”, 必要时另作声明. 例如, 专论“无消费情形”(即 $\alpha=0$), 在研究稳定性分析时, 我们总要强调“非周期”条件. 在之后的 §10.2 中也可以看到, 最优解依赖于 α. 自此以后, 我们常固定 $\alpha\in[0,1)$. 下面是本书常用的关键变换:

$$\frac{\tilde{A}_\alpha}{\rho(\tilde{A}_\alpha)}=D_w^{-1}\frac{A_\alpha}{\rho(A_\alpha)}D_w=(w^{-1}\otimes w)\odot\frac{A_\alpha}{\rho(A_\alpha)},\quad w>0. \tag{10.1}$$

定理 10.1 具有最大左特征对 $(\rho(A_\alpha), u)$ 的结构矩阵 A_α 关于目标产综 $\tilde{u}$ 的优化矩阵 $\tilde{A}_\alpha$ 可由 (10.1) 及 $w=\tilde{u}\odot u^{-1}$ 给出. 此时, $\tilde{A}_\alpha$ 的最大左、右特征向量分别为 $\tilde{u}$ 和 $\tilde{v}=v\odot u\odot\tilde{u}^{-1}$.

证明 由于 $\{A_\alpha:\alpha\in[0,1)\}$ 有共同的最大左、右特征向量 u 和 v, 故下面的证明略去 α 不写. 证明分两部分: 先证明末项断言, 再证前者.
(a) 末项断言之证. 先证 $\tilde{u}$ 为 $\tilde{A}$ 的最大左特征向量, 这是构造 $\tilde{A}$ 的主要目标. 待证

$$\tilde{u}\frac{\tilde{A}}{\rho(\tilde{A})}=\tilde{u}.$$

留心对于任给的向量 x 和 y, 我们有 $xD_y=x\odot y=D_xy$. 于是

$$\tilde{u}D_w^{-1}=\tilde{u}\odot w^{-1}=\tilde{u}\odot\tilde{u}^{-1}\odot u=u,$$

由 (10.1) 得出

$$\tilde{u}\frac{\tilde{A}}{\rho(\tilde{A})}=\tilde{u}D_w^{-1}\frac{A}{\rho(A)}D_w=u\frac{A}{\rho(A)}D_w=uD_w=\tilde{u}.$$

这证得“左”的情形.

类似地可证“右”的情形. 这是矩阵 $\tilde{A}$ 的三大要素之一, 后面也要用到. 由 w 和 $\tilde{v}$ 的定义知 $D_w\tilde{v}=v$, 我们得到

$$\frac{\tilde{A}}{\rho(\tilde{A})}\tilde{v}=D_w^{-1}\frac{A}{\rho(A)}D_w\tilde{v}=D_w^{-1}\frac{A}{\rho(A)}v=D_w^{-1}v=\tilde{v}.$$

(b) 证明定理的前一项断言. 要点是: 构造 $\tilde{A}$ 时还希望不要与原本的 A 相差太多, 用以节省优化成本, 否则难以实现. 换言之, 这里存在所述构造的优化问题. 为此, 我们需要下述引理, 其证明推迟到本定理的证明之后.

引理 10.2 (对偶变换) 设 w 为正向量, 则

$$Q_w = D_w \frac{A}{\rho(A)} D_w^{-1}$$

的每一列和为 1 当且仅当 w 为 A 的最大左特征向量 u. 此时, Q_u 的最大特征值为 1, 相应的左、右特征向量分别为 $\mathbb{1}^*$ 和 $u^* \odot v$.

现在, 我们使用引理 10.2 来完成定理 10.1 前一断言的证明, 由引理 10.2 可得到两个 Q:

$$Q_{\tilde{u}} = D_{\tilde{u}} \frac{\tilde{A}}{\rho(\tilde{A})} D_{\tilde{u}}^{-1}, \qquad Q_u = D_u \frac{A}{\rho(A)} D_u^{-1}. \tag{10.2}$$

由 (10.2) 的第一式, $\tilde{A}/\rho(\tilde{A})$ 由 $Q_{\tilde{u}}$ 和 $\tilde{u}$ 完全确定:

$$\frac{\tilde{A}}{\rho(\tilde{A})} = D_{\tilde{u}}^{-1} Q_{\tilde{u}} D_{\tilde{u}}. \tag{10.3}$$

因 $\tilde{u}$ 已给定, 我们只需选取合理的 $Q_{\tilde{u}}$. 另外, 由引理 10.2 知, Q_u 由 $A/\rho(A)$ 及其 u 完全确定, 且它蕴含了 A 的三大要素. 既然 $Q_{\tilde{u}}$ 和 Q_u 分别刻画了 $\tilde{A}/\rho(\tilde{A})$ 和 $A/\rho(A)$, 为充分运用已给的 A, $Q_{\tilde{u}}$ 的最简便和直接的取法就是 Q_u. 于是 (10.3) 变成:

$$\frac{\tilde{A}}{\rho(\tilde{A})} = D_{\tilde{u}}^{-1} D_u \frac{A}{\rho(A)} D_u^{-1} D_{\tilde{u}} = D_{\tilde{u}\odot u^{-1}}^{-1} \frac{A}{\rho(A)} D_{\tilde{u}\odot u^{-1}}.$$

这证得定理 10.1 的前一断言. 应当指出: 这一步证明两次用到转移概率矩阵的对偶形式, 即两次用到转移概率矩阵这一不变量. □

引理 10.2 的证明 由引理 7.2 可知, 对于正向量 w,

$$D_w^{-1}\frac{A}{\rho(A)}D_w$$

为转移概率矩阵当且仅当 $w=v$, 此时该矩阵的最大特征值为 1, 相应的左、右特征向量分别为 $u\odot v$ 和 $\mathbb{1}$.

将此结论应用于 A^*, 得出

$$D_w^{-1}\frac{A^*}{\rho(A)}D_w$$

为转移概率矩阵当且仅当 $w=u^*$, 此时该矩阵的最大特征值为 1, 相应的左、右特征向量分别为 $u\odot v$ 和 $\mathbb{1}$.

对上式取转置, 得出

$$Q_w=D_w\frac{A}{\rho(A)}D_w^{-1},$$

它是列和恒为 1 的方阵当且仅当 $w=u$, 此时 Q_u 的最大特征值为 1, 相应的左、右特征向量分别为 $\mathbb{1}^*$ 和 $u^*\odot v$. □

我们留意定理 10.1 并没有给出 $\tilde{A}$ 的显式解. 事实上, (10.1) 左边含有一个自由度:

$$\frac{\kappa\tilde{A}_\alpha}{\rho(\kappa\tilde{A}_\alpha)}=\frac{\tilde{A}_\alpha}{\rho(\tilde{A}_\alpha)},\qquad \kappa>0. \tag{10.4}$$

这为我们提供了关于参数 $\kappa>0$ 进一步优化的可能性, 详见 §10.2. 此处, 我们给出一个简单的显式解.

推论 10.3 (基本解) 定理 10.1 的一个基本解为

$$\tilde{A}_\alpha=(w^{-1}\otimes w)\odot A_\alpha,$$

其中 $w=\tilde{u}\odot u^{-1}$. 此时 $\rho\big(\tilde{A}_\alpha\big)=\rho(A_\alpha)$.

证明 易证

$$(w^{-1} \otimes w) \odot A_\alpha = D_w^{-1} A_\alpha D_w, \qquad w = \tilde{u} \odot u^{-1}.$$

右边为矩阵 A_α 的相似变换, 与 A_α 等谱. 从而

$$\rho(A_\alpha) = \rho\big(\tilde{A}_\alpha\big) = \rho((w^{-1} \otimes w) \odot A_\alpha).$$

上述基本解可参见 §10.2 中两产品带消费的例子. 注意, 当 $\alpha = 0$ 时, $A_\alpha = A$ 为无消费情形, 参见 §1.4 中表 1.12 的基本解.

§10.2 最优解

注意 (10.1) 的左边关于常数因子不变, 于是可进一步对 $\kappa\tilde{A}_\alpha$ 中的参数 κ 优化. 将矩阵视为 $\mathbb{R}^{n^2}$ 上的向量, 使用下述距离:

(1) ℓ^∞ 距离 (一致 (上确界) 范数或 ℓ^∞ 范数: 均为向量用法)

$$\|\kappa\tilde{A}_\alpha - A_\alpha\|_\infty = \bigvee_{i,j} |\kappa\tilde{a}_{ij}(\alpha) - a_{ij}(\alpha)|,$$

此处使用记号 $a \vee b = \max\{a, b\}$ 有其方便之处, 对偶地, 有 $a \wedge b = \min\{a, b\}$. 这不同于矩阵作为算子的无穷范数: 它是元素模的行和的最大值 $\sup_i \sum_j |a_{ij}|$. 在目前情况下, 由于 $h_{ii} \equiv 1$, 上式变成

$$\|\kappa\tilde{A}_\alpha - A_\alpha\|_\infty = K_1(\kappa, \alpha) \vee K_2(\kappa, \alpha),$$

其中 $K_1(\kappa, \alpha)$ 与 $K_2(\kappa, \alpha)$ 的表达式等同于 (3.6)

$$K_1(\kappa, \alpha) = \big((1 - \alpha) \bigvee_i a_{ii} + \alpha\big)|\kappa - 1|,$$

$$K_2(\kappa, \alpha) = (1 - \alpha) \bigvee_{i \neq j} |\kappa h_{ij} - 1|\, a_{ij}.$$

用一致范数优化的思想是“从最坏中选最好的”, 是寻找使偏差

$\|\kappa\widetilde{A}_\alpha - A_\alpha\|_\infty$ 达最小值时的 $\kappa^*(\alpha)$, 即为一致范数意义下的最优解. 固定 $\alpha < 1$, 在某待定区间 (γ_1, γ_2) 上优化 κ, 并记下确界在 $\kappa^*(\alpha)$ 处达到, 则

$$\begin{aligned}\|\kappa^*(\alpha)\tilde{A}_\alpha - A_\alpha\|_\infty &= \inf_{\kappa\in(\gamma_1,\gamma_2)} \|\kappa\tilde{A}_\alpha - A_\alpha\|_\infty \\ &= \inf_{\kappa\in(\gamma_1,\gamma_2)} K_1(\kappa,\alpha) \vee K_2(\kappa,\alpha). \qquad (10.5)\end{aligned}$$

现在说明 κ 的可用区间为

$$\begin{aligned}\kappa &\in \big((\max(w^{-1}\otimes w))^{-1}, (\min(w^{-1}\otimes w))^{-1}\big) \\ &= \Big(\bigwedge_{i\neq j}(w^{-1}\otimes w)_{ij}^{-1},\ \bigvee_{i\neq j}(w^{-1}\otimes w)_{ij}^{-1}\Big) \\ &=: (\gamma_1, \gamma_2).\end{aligned}$$

此处用到 $h_{ii}\equiv 1$. 即矩阵 κH 的元素分布在常数 1 两边. 原因在于: $\kappa\tilde{a}_{ij}$ 与 a_{ij} 的比值小于 1、大于 1, 分别预示着产品产能过剩、需要增加投入或技术革新. 这里优化的目标是使 $\kappa\tilde{A}_\alpha$ 尽可能接近于现有的 A_α, 这样较易在实践中实现. 由于 (10.5) 的右边是一个小区间上单变量函数的最小值问题, 对于每一固定的 α, 容易找到数值解 $\kappa^*(\alpha)$.

作为例证, 我们回到 §1.4 中的两产品模型, 计算其 $\kappa^*(\alpha)$. 此时, A_α 和 $\tilde{A}_\alpha$ 分别源于表 1.14 与表 1.15.

$$A_\alpha = \begin{bmatrix} \dfrac{1-\alpha}{4}+\alpha & \dfrac{7(1-\alpha)}{50} \\ \dfrac{2(1-\alpha)}{5} & \dfrac{3(1-\alpha)}{25}+\alpha \end{bmatrix},\quad \tilde{A}_\alpha = \begin{bmatrix} \dfrac{1-\alpha}{4}+\alpha & \dfrac{77(1-\alpha)}{500} \\ \dfrac{4(1-\alpha)}{11} & \dfrac{3(1-\alpha)}{25}+\alpha \end{bmatrix}.$$

由 (3.6) 和表 1.16 知

$$\begin{aligned}K_1(\kappa,\alpha) &= \big(0.25(1-\alpha)+\alpha\big)|\kappa-1| =: f(\kappa,\alpha), \\ K_2(\kappa,\alpha) &= [0.14\,|11\kappa/10-1|(1-\alpha)] \vee [0.4\,|10\kappa/11-1|(1-\alpha)] \\ &=: g(\kappa,\alpha)\vee h(\kappa,\alpha).\end{aligned}$$

此时, $\kappa \in (10/11, 11/10)$, 对于不同的 α, $K_1 \vee K_2$ 的图像如图 10.1 中加粗部分所示.

(i) 当 $\alpha \leqslant 11/261$ 时, 我们有图 10.1 (a): $K_1 \vee K_2 = K_2$, K_2 的最小值点是方程 $h(\cdot, \alpha) = g(\cdot, \alpha)$ 的根: $\kappa^*(\alpha) = 990/949 \approx 1.0432$, 与 α 无关.

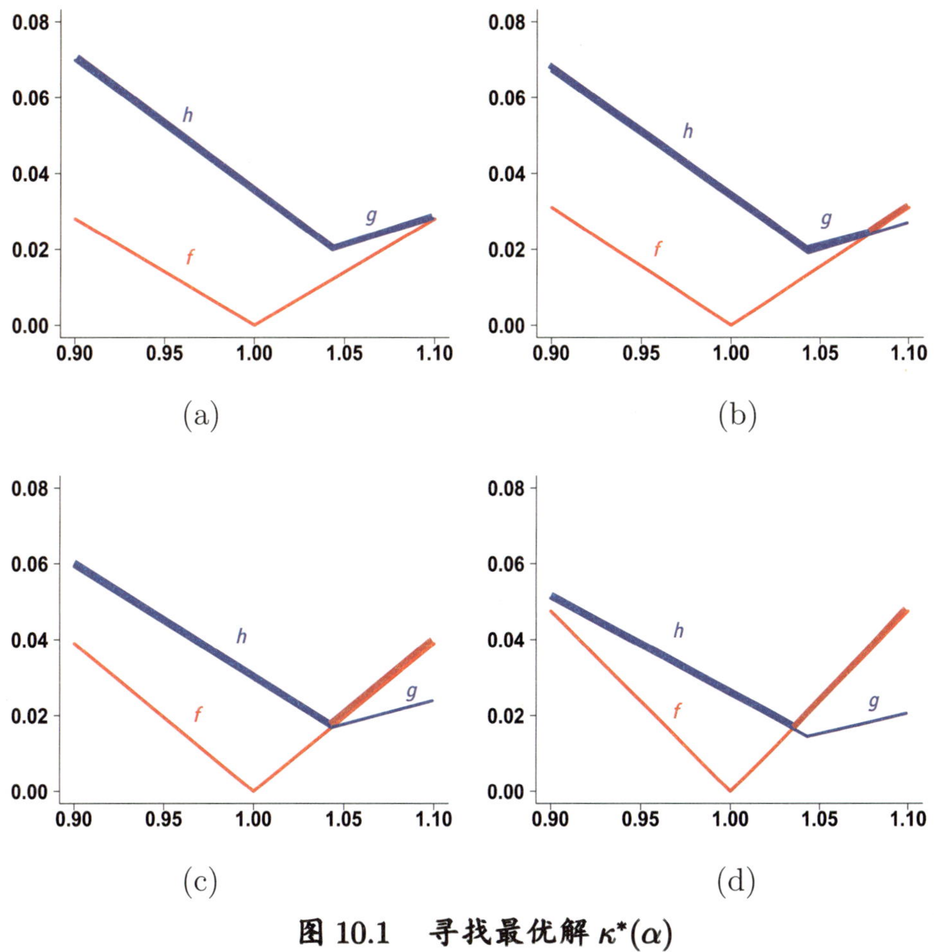

图 10.1 寻找最优解 $\kappa^*(\alpha)$

(ii) 当 $11/261 < \alpha < 187/1007$ 时, 我们有图 10.1 (b): $K_1 \vee K_2$ 的最小值点与情况 (i) 相同.

(iii) 当 $\alpha = 187/1007$ 时, 我们有图 10.1 (c): $K_1 \vee K_2$ 的最小值点是方程组 $f(\cdot, \alpha) = h(\cdot, \alpha) = g(\cdot, \alpha)$ 的解.

(iv) 当 $\alpha \geqslant 187/1007$ 时, 我们有图 10.1 (d): $K_1 \vee K_2$ 的最小值点是方程 $f(\cdot,\alpha)=h(\cdot,\alpha)$ 的根, 它有很简单的表达式:

$$\kappa^*(\alpha)=\frac{11(7\alpha+13)}{5(17\alpha+27)}.$$

概言之, 我们得出如下结论.

例 10.4 对于两产品模型, 使用 $\|\cdot\|_\infty$ 范数的最优解为

$$\kappa^*(\alpha)=\begin{cases}\dfrac{990}{949}\approx 1.0432, & \alpha\in\left[0,\ \dfrac{187}{1007}\approx 0.1857\right],\\[2mm] \dfrac{11(7\alpha+13)}{5(17\alpha+27)}, & \alpha\in\left[\dfrac{187}{1007},1\right).\end{cases}$$

不足为奇, 我们有 $\lim_{\alpha\uparrow 1}\kappa^*(\alpha)=1$.

当然, 也可考虑其他距离, 例如, Frobenius 距离 (也称为 Hilbert-Schmit 距离, 亦可视为通常的欧氏距离).

(2) ℓ^2 距离 (F 范数: 矩阵用法; 亦称 ℓ^2 范数: 向量用法)

$$\|\kappa\tilde{A}_\alpha-A_\alpha\|_F^2=\sum_{i,j}|\kappa\tilde{a}_{ij}(\alpha)-a_{ij}(\alpha)|^2,$$

上式为 F 范数的平方. 用 F 范数优化的思想是"平均" (略去一个常数因子), 是寻找使偏差 $\|\kappa\tilde{A}_\alpha-A_\alpha\|_F^2$ 达最小值时的 $\bar{\kappa}(\alpha)$, 即为 F 范数意义下的最优解.

使用欧氏内积 $\langle A,B\rangle=\sum_{i,j}a_{ij}b_{ij}$, 得出

$$\begin{aligned}\|\kappa\tilde{A}_\alpha-A_\alpha\|_F^2&=\|\tilde{A}_\alpha\|_F^2\left(\kappa-\frac{\langle\tilde{A}_\alpha,A_\alpha\rangle}{\|\tilde{A}_\alpha\|_F^2}\right)^2+\|A_\alpha\|_F^2-\frac{\langle\tilde{A}_\alpha,A_\alpha\rangle^2}{\|\tilde{A}_\alpha\|_F^2} \qquad (10.6)\\ &\geqslant\|A_\alpha\|_F^2-\frac{\langle\tilde{A}_\alpha,A_\alpha\rangle^2}{\|\tilde{A}_\alpha\|_F^2},\end{aligned}$$

末尾的等号在 (3.7), 即

$$\bar{\kappa}(\alpha)=\frac{\langle\tilde{A}_\alpha,A_\alpha\rangle}{\|\tilde{A}_\alpha\|_F^2}$$

处达到. 此时,

$$\|\bar{\kappa}(\alpha)\tilde{A}_\alpha - A_\alpha\|_F = \left[\|A_\alpha\|_F^2 - \frac{\langle\tilde{A}_\alpha, A_\alpha\rangle^2}{\|\tilde{A}_\alpha\|_F^2}\right]^{1/2}, \tag{10.7}$$

右边与 $\bar{\kappa}(\alpha)$ 无关.

为了与一致范数作比较, 我们将上述 (2) 中所述 F 范数修正为平均 F 范数.

(3) 平均 F 范数

$$\|\cdot\|_{F,2} = \left(\frac{\|\cdot\|_F^2}{n^2}\right)^{1/2} = \frac{1}{n}\|\cdot\|_F \text{ (假定矩阵的阶为 } n). \tag{10.8}$$

那么, 易见

$$\frac{1}{n}\|A\|_\infty \leqslant \|A\|_{F,2} \leqslant \|A\|_\infty.$$

值得注意: 如果矩阵 A 元素的绝对值都相等, 那么最后一个不等式为等式. 对于每一个 κ,

$$\frac{1}{n}\|\kappa\tilde{A} - A\|_\infty \leqslant \|\kappa\tilde{A} - A\|_{F,2} \leqslant \|\kappa\tilde{A} - A\|_\infty.$$

两边 (先左、后右) 对 κ 取 inf, 得到

$$\frac{1}{n}\|\kappa^*\tilde{A} - A\|_\infty \leqslant \|\bar{\kappa}\tilde{A} - A\|_{F,2} \leqslant \|\kappa^*\tilde{A} - A\|_\infty.$$

进而

$$\frac{1}{n}\|\kappa^*(\alpha)\tilde{A}_\alpha - A_\alpha\|_\infty \leqslant \|\bar{\kappa}(\alpha)\tilde{A}_\alpha - A_\alpha\|_{F,2} \leqslant \|\kappa^*(\alpha)\tilde{A}_\alpha - A_\alpha\|_\infty.$$

变换 $\|A\|_F \to \|A\|_{F,2}$ 实质上只是 $A \to A/n$.

为考察 F 范数关于 κ 优化前后的差别, 固定 α 将 (10.6) 简写为

$$G(\kappa)^2 = H(\kappa) + G^2.$$

由 (10.7) 知, 这里的 $G = G(\bar{\kappa})$. 于是有

$$G(1)^2 - G(\bar{\kappa})^2 = H(1) \Longleftrightarrow G(1) - G(\bar{\kappa}) = \frac{H(1)}{G(1) + G}.$$

代入原式 (10.6), 得出优化前后 F 范数之差

$$\|\tilde{A}_\alpha - A_\alpha\|_F - \|\bar{\kappa}(\alpha)\tilde{A}_\alpha - A_\alpha\|_F = \frac{\|\tilde{A}_\alpha\|_F^2\left(1 - \frac{\langle \tilde{A}_\alpha, A_\alpha\rangle}{\|\tilde{A}_\alpha\|_F^2}\right)^2}{\|\tilde{A}_\alpha - A_\alpha\|_F + \left[\|A_\alpha\|_F^2 - \frac{\langle \tilde{A}_\alpha, A_\alpha\rangle^2}{\|\tilde{A}_\alpha\|_F^2}\right]^{1/2}}.$$

换成平均 F 范数, 得出

$$\begin{aligned} &\|\tilde{A}_\alpha - A_\alpha\|_{F,2} - \|\bar{\kappa}(\alpha)\tilde{A}_\alpha - A_\alpha\|_{F,2} \\ &= \frac{\|\tilde{A}_\alpha\|_{F,2}^2\left(1 - \frac{\langle \tilde{A}_\alpha, A_\alpha\rangle}{\|\tilde{A}_\alpha\|_F^2}\right)^2}{\|\tilde{A}_\alpha - A_\alpha\|_{F,2} + \left[\|A_\alpha\|_{F,2}^2 - \frac{\langle \tilde{A}_\alpha, A_\alpha\rangle^2}{\|\tilde{A}_\alpha\|_F^2}\right]^{1/2}} > 0. \end{aligned} \tag{10.9}$$

回到两产品模型, 我们有

$$\begin{aligned} \langle \tilde{A}_\alpha, A_\alpha\rangle &= \frac{134153 + 138694\alpha + 827153\alpha^2}{550000}, \\ \|\tilde{A}_\alpha\|_F^2 &= \frac{3521817 + 4148866\alpha + 22579317\alpha^2}{15125000}. \end{aligned}$$

于是得出如下结果.

例 10.5 对于两产品模型, 使用 $\|\cdot\|_F$ 范数或 $\|\cdot\|_{F,2}$ 范数的最优解为

$$\bar{\kappa}(\alpha) = 1 + \frac{334781\,(1-\alpha)^2}{7043634 + 8297732\alpha + 45158634\alpha^2}.$$

图 10.2 展示了两曲线 $\kappa^*(\alpha)$ 和 $\bar{\kappa}(\alpha)$ 的图像. 在大多情况下, 前者位于上方. 这容易理解, 因为前者比后者安全性高一些. 两者之差的最大值在 $\alpha = 0.28999$ 处达到, 差值为 0.0228389, 可见相差也不太大. 在常用区间 $[7/12, 1)$ 上, 差值更小: $\kappa^*(7/12) - \bar{\kappa}(7/12) \leqslant 0.0159258$, 况且 $\bar{\kappa}(\alpha)$ 比 $\kappa^*(\alpha)$ 更易计算.

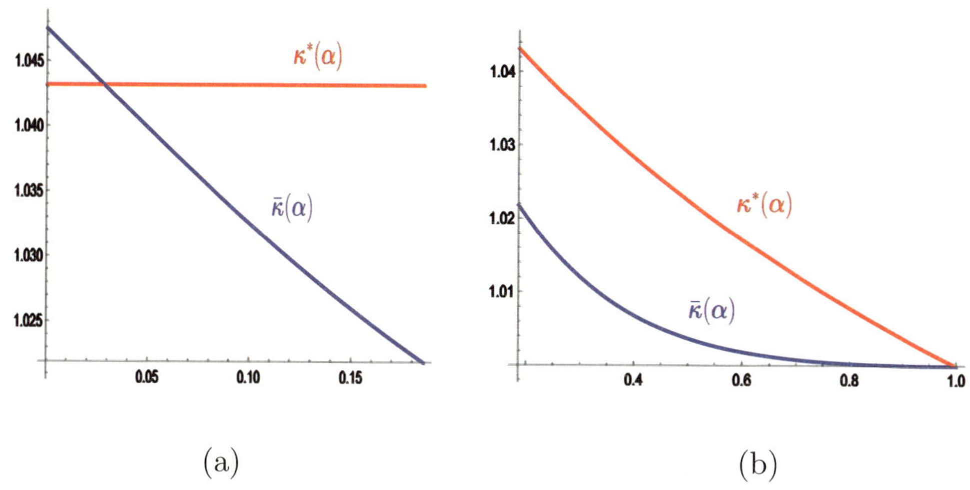

(a) (b)

图 10.2 两种范数下的最优解 $\bar{\kappa}(\alpha)$ 和 $\kappa^*(\alpha)$

注意, 当 α 很小时, $\kappa^*(\alpha)$ 与 $\bar{\kappa}(\alpha)$ 相交, 如图 10.2 (a) 所示.

关于 2000 年 17 产品经济结构优化的详细分析, 见 §3.3.

§10.3 转换定理或等效原理

在第七章我们已经证明, 经济系统的稳定性理论可以转化为马氏链的同样理论, 并由定理 7.3 证明了 A 和 P 两种迭代算法的等效性.

下述结果说明: A_α, $\tilde{A}_\alpha$ 与 $\kappa\tilde{A}_\alpha$, 这三个结构矩阵所导出的转移概率矩阵是同一个 P_α, 它们都有完全相同的稳定性.

推论10.6 固定 $\alpha < 1$, 则对每一 $\kappa > 0$, 使用关键变换 (7.1), 由 A_α, $\tilde{A}_\alpha$ 和 $\kappa\tilde{A}_\alpha$ 得出同一转移概率矩阵 P_α.

证明 由 (10.4) 和定理 10.1 知, 对于每一 $\kappa > 0$, 方阵

$$\frac{\kappa\tilde{A}_\alpha}{\rho(\kappa\tilde{A}_\alpha)} \quad 和 \quad \frac{\tilde{A}_\alpha}{\rho(\tilde{A}_\alpha)}$$

拥有完全相同的最大左、右特征向量 $\tilde{u}$ 和 $\tilde{v} = v \odot u \odot \tilde{u}^{-1}$. 这样, 由定理 7.2, 所需结论与常数 $\kappa > 0$ 无关. 于是, 以下只需考虑 $\kappa = 1$ 的特殊情形.

由 $D_w D_{\tilde{v}} = D_{w\odot\tilde{v}}$, $w \odot \tilde{v} = \tilde{u} \odot u^{-1} \odot v \odot u \odot \tilde{u}^{-1} = v$ 及 (10.1), 得出

$$\tilde{P}_\alpha = D_{\tilde{v}}^{-1} \frac{\tilde{A}_\alpha}{\rho(\tilde{A}_\alpha)} D_{\tilde{v}} = D_{\tilde{v}}^{-1} D_w^{-1} \frac{A_\alpha}{\rho(A_\alpha)} D_w D_{\tilde{v}} = D_v^{-1} \frac{A_\alpha}{\rho(A_\alpha)} D_v = P_\alpha. \square$$

下面证明关于 $\tilde{A}_\alpha$ 的迭代解与关于 A_α 的迭代解具有完全相同的稳定性.

定理 10.7 (转换定理/等效原理) 任意给定正向量 w, 由 (10.1) 定义 $\tilde{A}_\alpha$. 那么, 关于 $\tilde{A}_\alpha$ 的迭代解 $\{\tilde{x}_n\}_{n\geqslant 0}$: $\tilde{x}_0 = \tilde{x}_n \tilde{A}_\alpha^n$ 与关于 A_α 的迭代解 $\{x_n\}_{n\geqslant 0}$: $x_0 = x_n A_\alpha^n$ 可通过恒等式

$$\rho(\tilde{A}_\alpha)^n \tilde{x}_n = \rho(A_\alpha)^n x_n \odot w, \qquad n \geqslant 0 \tag{10.10}$$

相互转换. 特别地, 对于每一个 n 和 k, $\tilde{x}_n$ 的第 k 个分量为非正 (相应地, 负) 当且仅当 x_n 如此. 即两者具有相同的稳定性: 失衡/崩溃的时间和产品相同.

此刻, 我们可以介绍定理 10.7 对于前面所讨论过的各种变换的应用. 首先, 注意 (7.1) 为 (10.1) 的特殊情形, 所使用的 $w = v$, 仅用到单个向量 v. 因为 (7.1) 所寻求的是转移概率矩阵 A_w, 相应的 $\rho(A_w) = 1$, 故在 (7.1) 的左边可略去 $\rho(A_w)$ 不写. 在这一特殊情况下, 定理 10.7 即是定理 7.3. 其次, 在关于优化的定理 10.1 中, $w = \tilde{u} \odot u^{-1}$, 用到两个向量的分量积. 最后, 在推论 10.6 的证明中, 在使用变换 $\tilde{A}_\alpha \to \tilde{P}_\alpha$, 我们用到 $w = \tilde{v} = v \odot u \odot \tilde{u}^{-1}$, 它是三个向量的分量积. 这样, 基于所使用的向量的个数, 我们可分别称上述三种变换为一级、二级、三级关键变换. 基于 (10.1) 的通用结果, 定理 10.7 蕴含下述的结果.

推论 10.8 对于每一个 $\alpha < 1$, A_α 与 P_α, 进而与 $\tilde{A}_\alpha$ 都拥有完全相同的稳定性. 更进一步, 对每一正常数 κ, 以 $\kappa \tilde{A}_\alpha$ 代替 $\tilde{A}_\alpha$, 结论不变.

证明 也许, 需要补证一下末项断言. 略去下标 α 不写. 设 $\{y_n\}_{n\geqslant 0}$

为 $\kappa\tilde{A}$ 的迭代解:

$$y_0 = y_n\big(\kappa\tilde{A}\big)^n = (\kappa^n y_n)\tilde{A}^n.$$

由此看出

$$\kappa^n y_n = \tilde{x}_n = \frac{\rho(A)^n}{\rho(\tilde{A})^n} x_n \odot w,$$

于是得出

$$\rho\big(\kappa\tilde{A}\big)^n y_n = \rho(A)^n x_n \odot w, \qquad n \geqslant 0.$$

相信大家对此结果不会感到意外. 事实上, 将 $\kappa\tilde{A}$ 视为 $\tilde{A}$, 并将 $\{y_n\}$ 视为 $\{\tilde{x}_n\}$, 则由定理 10.7 直接得出上式. 由此得到所需断言. □

其实, 变换 (10.1) 的应用远不止上述三种变换. 例如, 产品等级排序和分类, 使用的是 P, 它通过 (7.1) (源于 (10.1)) 得出. 同样的想法可适用于统计学中的主成分分析和量子力学中使用波函数模的平方, 而非模本身的数学解释. 后一解释使用了概率术语但并不存在随机性. 难得的是: 这个想法也为算法提供了一个新思路, 见 §11.2.

为证定理 10.7, 先证一个形式上更一般但实质上极简单的结果.

引理 10.9 设方阵 B 可逆. 对于给定的方阵 A, 定义 $\tilde{A} = B^{-1}AB$, 则对于 A 的每一个迭代解 $\{x_n\}_{n\geqslant 0}$: $x_0 = x_n A^n$, 都可构造出 $\tilde{A}$ 的一个迭代解 $\{\tilde{x}_n\}_{n\geqslant 0}$: $\tilde{x}_0 = \tilde{x}_n\tilde{A}^n$, 而且 $\tilde{x}_n = x_n B$, $n \geqslant 0$. 反过来的逆命题也成立.

证明 只需将 $x_0 = x_n A^n$ 改写成

$$\tilde{x}_0 := x_0 B = (x_n B)B^{-1}A^n B = (x_n B)\tilde{A}^n =: \tilde{x}_n\tilde{A}^n, \qquad n \geqslant 0. \qquad \square$$

定理 10.7 的证明 略去下标 α 不写. 取 $B = D_w$. 我们注意, $\{x_n\}_{n\geqslant 0}$ 是关于 A 的迭代解当且仅当 $\{x_n\rho(A)^n\}_{n\geqslant 0}$ 是关于 $A/\rho(A)$ 的迭代解.

$$x_0 = x_n A^n \Longleftrightarrow x_0\rho(A)^0 = x_n\rho(A)^n\left(\frac{A}{\rho(A)}\right)^n, \qquad n \geqslant 0.$$

类似地, $\{\tilde{x}_n\}_{n\geqslant 0}$ 是关于 $\tilde{A}$ 的迭代解当且仅当 $\big\{\tilde{x}_n\rho\big(\tilde{A}\big)^n\big\}_{n\geqslant 0}$ 是关于

$\tilde{A}/\rho(\tilde{A})$ 的迭代解. 现在, 若将 $A/\rho(A)$ 视为引理 10.9 中的 A, 则由 (10.1) 知, $\tilde{A}/\rho(\tilde{A})$ 正是该引理所定义的 $\tilde{A}$. 于是由该引理知, 我们可造出 $\tilde{A}/\rho(\tilde{A})$ 的迭代解 $\left\{\tilde{x}_n\rho\big(\tilde{A}\big)^n\right\}_{n\geqslant 0}$:

$$\rho(\tilde{A})^n\tilde{x}_n = \rho(A)^n x_n D_w = \rho(A)^n x_n \odot w.$$

这证得两序列 $\{x_n\}_{n\geqslant 0}$ 和 $\{\tilde{x}_n\}_{n\geqslant 0}$ 应满足 (10.10), 即定理 10.7 的主要断言.

关于定理 10.7 的末项断言, 引理 10.9 的假设条件显然不够. 此处关键在于 $\rho(A)$, $\rho(\tilde{A})$ 和 w 均为正, 容易由定理前一断言导出末项断言. 同样, 上述结论对于 A_α 也成立. □

注 10.10 严格地讲, 这里只是证明了: 对于给出 A 的一个迭代解, 可构造出 $\tilde{A}$ 的一个迭代解, 反之亦然; 而且两个解拥有完全相同的稳定性, 并没有假定给定初值后迭代解的唯一性. 在后一假设下 (在实践中容易实现, 只需 A 可逆), 可断言只要两迭代式的初值满足 (10.10), 则该式对一切 n 成立且两矩阵具有完全相同的稳定性.

第十一章　算法及若干论题评注

华氏经济优化理论有别于其他现有的经济学理论, 它是可计算的、可程序化的. 本书研究的经济优化理论的基石之一是最大特征值及其左、右特征向量的计算. 从系统的稳定性分析可以看出, 我们不仅需要这三个量, 而且还要求较高精度. 因为计算机硬件和软件都已有很大发展, 对于小尺度或对称矩阵, 现在已经不难实现. 然而, 对于非对称矩阵, 依然受到很大限制. 如同在文 [8; 例 9] 中指出, 即使对于并不复杂的矩阵, Mathematica 的 "Eigensystem" 只能算到 11 阶; 而使用 MatLab 的 "eig", 也只能算到 50 阶. 为了提高从结构矩阵转换成转移概率矩阵的计算精度, 文 [8; §3～§4] 引进了*矩阵拟对称化技术*和*特征向量抹平技术*. 对于 [8; 例 9], 我们利用此算法算到 2043 阶. 对于难得多的非可配称情形, 我们也算到 1700 阶 ([8; 例 13]). 只是对于特征向量抹平技术, 我们只提供例证而未能给出完整的解答 (更多信息参见 §2.4 倒数第三段和 §3.1 后半部分 $v^{-1} \otimes v$ 的下一段). 同时, 我们结合例子介绍计算特征向量常用的幂法和反幂法.

另外, 在第八章我们利用转移概率矩阵 P 的最大左特征向量 μ 对产品进行排序和分类. 为了更快速地找出经济发展的支柱产业和瓶颈产业以及在不同的消费水平下的崩溃产品和崩溃时间, 本章给出一个重要的重排序算法. 作为结束, 在 §11.4, 我们讨论与本书相关的若干论题.

§11.1　矩阵拟对称化技术

给定非负不可约 $A = (a_{ij})$. 定义如下 Q 矩阵 (马氏链术语, 即非对角线元素非负、行和均非正的矩阵. 这里行和均为零):

$$Q = A - D_{A\mathbb{1}}.$$

由不可约性知, 方程

$$\mu Q = 0 \tag{11.1}$$

有满足初始条件 $\mu_1 = 1$ 的唯一正解 $\mu = (\mu_1, \mu_2, \cdots, \mu_d)$. 有正测度 μ, 我们便可定义 A 的**拟对称化** $\hat{A}$:

$$\hat{A} = D_{\mu^{1/2}} A \, D_{\mu^{-1/2}}. \tag{11.2}$$

引进这一概念的重要原因在于: A 关于 μ 可配称, 即

$$D_\mu A = A^* D_\mu \quad [= (D_\mu A)^*]$$

(它是对称性的极重要推广), 当且仅当 $\hat{A}$ 对称. 这样, 这项技术至少包含了可配称情形, 具有可靠根基. 文 [5; §4] 通过一个简单三对角阵, 说明了对称化技术对于非对称、但可配称矩阵特征对计算的无可替代的威力. 一般地, 我们不能指望 A 可配称, 但 $\hat{A}$ 常会降低 A 的振幅 (如常, 定义为 $\max A - \min A$). 以下我们通过一个实际的例子说明通过矩阵拟对称化技术将 A 转化成 $\hat{A}$, 可降低 A 的振幅.

例 11.1 1997 年山东省 6 产品投入产出表

$$A = \begin{pmatrix} 0.106525 & 0.140497 & 10^{-6} & 0.001946 & 0.166163 & 0.004297 \\ 0.10464 & 0.531081 & 0.001836 & 0.02247 & 0.060775 & 0.027266 \\ 0 & 0.606984 & 0.000324 & 0.04405 & 0.029865 & 0.040428 \\ 0.002742 & 0.277311 & 0.015089 & 0.082288 & 0.034568 & 0.061835 \\ 0.013753 & 0.219445 & 0.035205 & 0.06774 & 0.049044 & 0.176096 \\ 0.004744 & 0.219056 & 0.0454 & 0.040897 & 0.018104 & 0.091463 \end{pmatrix}$$

为求解 (11.1) 中的 μ, 将它改写成

$$Q^{*\setminus\{\text{末行}\}} \mu = 0,$$

此处 $\mu=(\mu_1,\mu_2,\cdots,\mu_6)$, $\mu_1=1$. $Q^{*\backslash\{\text{末行}\}}$ 是从 Q 的转置矩阵删去末行得到的矩阵 (之所以去掉一行, 是因为约定了 $\mu_1=1$, μ 的自由度减少一个). 随后, 凡是要用于矩阵变换的量都需考虑计算的精度, 以避免后续造成计算太大的累积误差. 此处, 我们把计算精度从 16 位提升为 32 位. 所得结果为:

$$\begin{cases}\mu_1=1,\\ \mu_2=2.8531814047923121151806660274704,\\ \mu_3=0.095584307247837173425720989766 77,\\ \mu_4=0.37907469119803191131834390546421,\\ \mu_5=0.71948220206801978459472832883 13,\\ \mu_6=0.71935840519097400276747664213 67.\end{cases}$$

由 (11.2) 得出 $\hat{A}$ 如下.

$$\begin{bmatrix} 0.106525 & 0.0831768 & 3.2345\cdot 10^{-6} & 0.00316068 & 0.195895 & 0.00506632\\ 0.176751 & 0.531081 & 0.010031 & 0.0616461 & 0.121026 & 0.0543017\\ 0 & 0.111098 & 0.000324 & 0.0221196 & 0.0108854 & 0.0147368\\ 0.00168822 & 0.10108 & 0.030049 & 0.082288 & 0.0250915 & 0.0448874\\ 0.0116656 & 0.110197 & 0.0965875 & 0.0933239 & 0.049044 & 0.176111\\ 0.00402362 & 0.109993 & 0.124548 & 0.056338 & 0.0181024 & 0.091463 \end{bmatrix}.$$

从上述结果可以看出, 通过矩阵拟对称化技术将矩阵 A 转换成 $\hat{A}$, 前者最大元素是 0.606984, 后者最大元素是 0.531081; 前者最小非零元素是 10^{-6}, 后者最小非零元素是 3.2345×10^{-6}. 明显地, $\hat{A}$ 相较于 A 的振幅降低. 但这仅仅是 6 阶矩阵, 对于高阶且振幅大的矩阵效果会更加明显.

此刻, 我们的主要目标是通过求 $\hat{A}$ 的右特征向量来计算 A 的右特征向量, 进而计算 $\rho(A)$. 为此我们需要使用幂法和两种反幂法, 对这些算法及记号 (w_n, x_n, y_n 等) 参见 §3.1. 首先对 $\hat{A}$ 使用幂法.

经过 3 步迭代得出

$$\{x_n, y_n\}_{n=1}^3 : \{0.7806, 0.464414\},\ \{0.683151, 0.573173\},\ \{0.662076, 0.624656\},$$

及相对误差

$$\{\varepsilon_n\}_{n=1}^3 :\ 0.405055,\ 0.160987,\ 0.0565199.$$

第三步已相当小. 因为幂法再往下走的收敛速度很慢, 所以此时自然以 $x_3 = 0.662076$ 为推移, 以

$$v_3 = (0.249143,\ 0.860954,\ 0.160753,\ 0.190936,\ 0.28434,\ 0.231385)$$

为初值, 使用反幂法以加快收敛进程.

§11.2 特征向量抹平技术

幂法和反幂法都是以计算特征向量为中心的. 如果该特征向量的振幅太大, 这根本就不可能实现. 所以进一步将 $\hat{A}$ 变换为特征向量尽可能平坦 (即 $\max v/\min v$ 近乎为常值) 的矩阵, 自然对计算有利. 初看起来, 此题难于入手, 但有了定理 7.2 (2), 所期待的结论就很自然了.

引理 11.2 设 w 为任一正向量, 命 $\bar{A} := A_w$ (见 (2.8)), 即

$$\bar{A} := A_w = D_w^{-1} A\, D_w = (w^{-1} \otimes w) \odot A,$$

则 $A_{\mathbb{1}} = A$. 再记 A_w 的最大右特征对为 $(\rho(A_w),\ g_w)$. 那么, 定理 7.2 (2) 给出 $g_v = \mathbb{1}$, 此处 v 为 A 的最大右正特征向量. 一般地, 我们有

$$\rho(A_w) = \rho(A), \qquad g = g_{\mathbb{1}} = D_w g_w.$$

特别地, 若 $\max_i |w^{(i)} - v^{(i)}|$ 足够小, 则 g_w 为接近于常值的向量.

证明 因为 A_w 为 A 的相似变换, 特征值不变, 特征向量 g_w 满足

$$\rho(A)g_w = D_w^{-1}AD_wg_w.$$

于是 $\rho(A)D_wg_w = A(D_wg_w)$. 这证得第一项断言. 往证末项断言. 因为

$$D_wg_w = g = D_vg_v = D_v\mathbb{1},$$

参见 §2.3 中的算符及性质. 我们有

$$g_w = D_w^{-1}D_v\mathbb{1} = D_{w^{-1}\odot v}\mathbb{1} = w^{-1} \odot v.$$

由此导出所需断言, 因为 $w^{-1} \odot v$ 是接近于常值的向量. □

若无歧义, 我们常将 (2.8) 所定义的 A_w 简记为 $\bar{A}$. 现在可以陈述特征向量抹平技术. 假定 w 为 v 的近似解, 则 (2.8) 中所定义的 $\bar{A}$ 的右特征向量近乎常值向量. 与 (2.5) 不同, (2.8) 中略去了因子 $\rho(A)^{-1}$, 因为在此刻应用时, 它还不够精确, 所以故事还需继续. 回到我们的模型. 考虑上面 $\hat{A}$ 的右特征向量的近似值 v_3 并不平坦, 所以我们将引理 11.2 应用于 $A = \hat{A}$ 及 $w = h$, 这里 h 是上述 v_3 的完整输出

$$\begin{aligned} h =&(0.2491428826805199,\ 0.860953851076968,\ 0.160752952830553 44,\\ &0.1909361045560679,\ 0.2843399664827692,\ 0.2313848869722673). \end{aligned}$$

目标是平滑右特征向量而不是矩阵本身. 得到 $\bar{A}$ 如下.

$$\begin{bmatrix} 0.106525 & 0.287431 & 2.08697\cdot 10^{-6} & 0.00242226 & 0.22357 & 0.00470521 \\ 0.0511483 & 0.531081 & 0.00187294 & 0.0136714 & 0.0399703 & 0.0145938 \\ 0 & 0.595013 & 0.000324 & 0.0262728 & 0.0192542 & 0.0212119 \\ 0.00220288 & 0.455781 & 0.0252988 & 0.082288 & 0.037366 & 0.0543965 \\ 0.0102216 & 0.333667 & 0.0546062 & 0.0626676 & 0.049044 & 0.143312 \\ 0.00433242 & 0.409268 & 0.0865285 & 0.0464895 & 0.0222454 & 0.091463 \end{bmatrix}. \tag{11.3}$$

分别使用 3 次幂法所得到的 x_3 和 $\mathbb{1}$ 作为初始推移和初始向量(由引理 11.2, 变换 $\hat{A} \to \bar{A}$ 保持特征值不变, 但特征向量变成近乎常值向量), 经过 2 次变动推移的反幂法, 得出

$$\begin{aligned}
&\{x_n, y_n\}_{n=1}^2: \ \{0.651316,\ 0.650607\}, \{0.651093,\ 0.651093\},\\
&\{\varepsilon_n\}_{n=1}^2: \ 0.00108929,\ 4.16016 \times 10^{-7},\\
&v_2 = (0.388965,\ 0.406711,\ 0.414222,\ 0.412546,\ 0.411337,\ 0.415114).
\end{aligned}$$

此时结果已很好: x_2 与 y_2 的相对误差仅有阶 10^{-7}. 所输出 $\bar{A}$ 的右特征向量的近似解 v_2 也已很平坦了, 但还不是常值向量, 离我们想要的 P 还有差距. 为了下一步变换到 P, 需要将这个输出结果加细. 变动推移的反幂法已不能用 (会溢出), 所以改用收敛慢一些但更安全的固定推移的反幂法. 经 5 步迭代, 输出如下.

$$\begin{aligned}
&\{x_n, y_n\}_{n=1}^5: \ 5\text{ 对全相同, 都是 }\{0.651093,\ 0.651093\},\\
&\{\varepsilon_n\}_{n=1}^5: \ 7.10543 \times 10^{-13}, \text{余下 4 个的主阶相同, 都是 } 10^{-16},\\
&v_5 = (0.3889644490497301,\ 0.4067111070719223,\ 0.4142217482991163,\\
&\quad 0.4125463019500572 6,\ 0.4113374956405179 7,\ 0.4151145497610436 7).
\end{aligned}$$

这样, 我们有 $\rho(A) = \rho(\bar{A}) = 0.651093$, 而这里的 v_5 应是 $\bar{A}$ 的最大右特征向量的极好近似 (由上面第二行的相对误差 $(1 - y_2/x_2)$ 可见, 其实取第 2 步的 v_2 已足够好了). 若 v_5 已是 (正) 常值向量, 则 $\bar{A}$ 的最大右特征向量或调和函数已是正常值向量. 因此, 使用一个简单的常数变换, 可从 $\bar{A}$ 立即写出相应的 P, 我们已达到特征向量抹平技术的目标 (当然, 如要计算关于原先 A 的 P, 还需再算一步). 因为此刻 v_5 是非常值向量, 我们还需继续. 考虑相似变换 $A \to \hat{A} \to \bar{A}$, 保持谱不变, 若记它们的最大右特征向量分别为 g, $\hat{g}$, 和 $\bar{g} = v_5$, 则由引理 11.2 得出

$$g = D_{\mu^{-1/2}}\, \hat{g}, \qquad \hat{g} = D_h\, v_5,$$

从而

$$g = D_{\mu^{-1/2}} D_h v_5 = D_{\mu^{-1/2} \odot h} v_5 = \mu^{-1/2} \odot h \odot v_5,$$

然后由 $g = v$ 与 $\rho(A)$, 可以使用 (2.5) 算出 P.

以 $m_v(B)$ 表示关于矩阵 B 最大右特征向量近似解的振幅 (使用 $\max v/\min v$), 则我们依次得到

$$m_v(A) = 2.22249,\ m_v(\hat{A}) = 5.35576,\ m_v(\bar{A}) = 1.06723,\ m_v(P) = 1.$$

这里的第 2 个大于第 1 个, 这并不奇怪, 因为 $\hat{A}$ 的作用是尽量拉平矩阵的元素. 这两个矩阵最小元素都是 0, 最大元素分别为 0.606984 和 0.531081. 虽然是小矩阵, 这里的振幅都不大, 但仍然能展示出特征向量抹平技术的效果.

值得提及: 综合幂法和上述两种反幂法的优点, 文 [6] 给出了一种新算法, 可快速计算百万阶稀疏矩阵的前 6 个特征对.

我们注意, A, $\hat{A}$ 与 $\bar{A}$ 三者有相同的不可约性和非周期性, 因而有相同的 T_{x_0} 和 $T_{x_0}^+$. 所以实际计算稳定性时未必要回到 A, 使用后两者导出的 P, 计算要方便很多, 特别当矩阵很大时如此. 由此可以看出, 这里所建议的拟对称化技术和抹平技术的重要价值以及更多的灵活用法. 在实际问题中, 我们在使用拟对称化技术和抹平技术时应根据实际情况. 当结构矩阵的振幅不大时, 可略去矩阵拟对称化技术.

认识幂法 (PI)、*固定推移的反幂法* (IPI_f) *和变动推移的反幂法* (IPI_v) 这三种算法的优、缺点, 是我们得到高效算法的关键所在. 文 [6; §1 末尾]分别从三个方面给出了上述三种算法的比较. 我们用 U 表示算法, $\mathscr{D}(U)$, $s(U)$, $t(U)$ 分别表示算法 U 的合适的初始区域、收敛速度和计算复杂度, "$\prec$" 表示从低到高. 那么

$$\begin{aligned}
&\mathscr{D}(\mathrm{PI}) \supset \mathscr{D}(\mathrm{IPI}_f) \supset \mathscr{D}(\mathrm{IPI}_v),\\
&s(\mathrm{PI}) \leqslant s(\mathrm{IPI}_f) \leqslant s(\mathrm{IPI}_v),\\
&t(\mathrm{PI}) \prec t(\mathrm{IPI}_f) \prec t(\mathrm{IPI}_v).
\end{aligned}$$

对于合适的初值 (可由幂法得到), 变动推移的反幂法的收敛速度很快 (称为难得的“三阶算法”). 但此法的可靠性稍微差一些, 一般只能走几步就容易溢出. 此时可改用收敛慢一些但更安全的固定推移的反幂法来继续提高结果的精度. 这是常用的技巧, 我们已经在第三章、第四章与第十一章的例证中给出了详细的说明.

特征向量抹平技术的进一步应用

作为本节的结尾, 我们补充特征向量抹平技术对于大系统 (大矩阵特征向量) 计算的应用. 如文 [6, 8] 所示, 对于大系统, 解一个大线性方程组不易, 甚至没有现成方法可用. 因此, 高效的反幂法可能用不上. 此处, 我们说明可用特征向量抹平技术处理. 作为例证, 我们从 (11.3) 中的 $\bar{A}$ 出发, 简要说明算法. 回想前面已用 2 次变动推移的反幂法和 5 次固定推移的反幂法处理过. 现在, 我们两者都不用, 仅用特征向量抹平技术和简单幂法. 两者都无需多少成本, 可反复使用.

(a) 取初始向量 $w_0 = \mathbb{1}$. 应用幂法进行迭代, 并算出最大、最小值序列 $\{(x_n, y_n)\}_{n=1}^{10}$, 相对偏差序列 $\{\varepsilon_n\}_{n=1}^{10}$ 和最后的输出向量 v_{10}. 对此例, 我们有 $\varepsilon_{10} \approx 4.28511 \times 10^{-8}$. 相对误差已不大.

(b) 令 s_1 为 (a) 中所得到的 v_{10}, $w = s_1$, 并作特征向量抹平技术

$$\bar{A}_1 = D_{s_1}^{-1} \bar{A} D_{s_1}.$$

下面要做的是这里的 (a) 和 (b) 的循环. 我们还需计算 s_2, s_3, s_4.

(c) 将 (a) 应用于 $\bar{A}_1$. 算出 $\varepsilon_{10} \approx 7.63833 \times 10^{-14}$, 可见比前一偏差改进了不少. 同样算出新的 v_{10}.

(d) 仿 (b), 令 s_2 为 (c) 中应用 $\bar{A}_1$ 所算出的 v_{10}. 然后应用 (b), 定义 $\bar{A}_2$, 进而仿 (c), 算出 $\varepsilon_{10} \approx 3.33067 \times 10^{-16}$, 比上一步又有明显改进. 同样算出新的 v_{10}.

(e) 令 s_3 为上条所算出的 v_{10}, 并仿 (b) 定义对应于 $\bar{A}_2$ 的新变换 $\bar{A}_3$. 算出 $\{\varepsilon_n\}_{n=1}^{10}$ 为常数 $\approx 1.11022 \times 10^{-16}$. 所以我们的循环到此为止. 然后将这里的 v_{10} 改记为 s_4.

最后, 我们将通过向量 s_1, s_2, s_3 所作的三次抹平技术: $\bar{A} \to \bar{A}_1 \to \bar{A}_2 \to \bar{A}_3$ 合并成关于 $w = s_1 \odot s_2 \odot s_3$ 的一个抹平变换 $\bar{A} \to \bar{A}_3$, 并视 s_4 为 $\bar{A}_3$ 特征向量的近似解, 得出 $\bar{A}$ 和最大右特征向量的近似解为

$$v_1 := s_1 \odot s_2 \odot s_3 \odot s_4.$$

同时取最后一步算出的 (x_{10}, y_{10}) 的平均为 $\bar{A}$ 的最大特征值的近似解:

$$\begin{aligned} r_1 &\approx \frac{x_{10} + y_{10}}{2} = 0.651092871065974, \\ v_1 &= (0.026465678545998038,\ 0.027673185678407052, \\ &\quad 0.028184220084967508,\ 0.028070220400411246, \\ &\quad 0.027987971548901057,\ 0.028244967530021915). \end{aligned}$$

用 Mathematica 直接算出的最大特征对为

$$\begin{aligned} &r = 0.651092871065974, \\ &v = (0.3889644490497301, 0.4067111070719221, 0.41422174829911645, \\ &\quad 0.41254630195005715, 0.41133749564051797, 0.41511454976104384). \end{aligned}$$

让我们比较一下这两个计算结果:

$$\begin{aligned} \bar{A}v - rv = (0,\ 1.11022 \times 10^{-16},\ -1.11022 \times 10^{-16},\ 0, \\ 5.55112 \times 10^{-17},\ 5.55112 \times 10^{-17}), \\ \bar{A}v_1 - r_1 v_1 = (0,\ 1.04083 \times 10^{-17},\ -6.93889 \times 10^{-18},\ 6.93889 \times 10^{-18}, \\ -3.46945 \times 10^{-18},\ 3.46945 \times 10^{-18}). \end{aligned}$$

显然后者优于前者. 以上是我们最初的计算结果.

在上述 (e) 中已说明, 我们之所以在那里停步, 是因为 10 步输出 $\{\varepsilon_n\}_{n=1}^{10}$ 为常数 $\approx 1.11022 \times 10^{-16}$. 说明已无改进的空间. 另外, 熟知算多了有时反而不好, 因为到了足够精度之后, 会引起震荡, 反而会降低精度. 通常, 在这种情况下, 只需取前一两步便已足够. 作为测试, 我们仅取一步. 即在第 (e) 步, 取 $n = 1$. 算出 ε_1 如上. 再取 s_4 为

一步输出向量 v_1, 然后依然使用公式 $s_1 \odot s_2 \odot s_3 \odot s_4$ 算出 $\bar{A}$ 的特征向量的近似解, 无妨也记为 v_1, 并令 $r_1 = (x_1 + y_1)/2$.

$$\begin{aligned} v_1 = (&0.026465678545998034,\ 0.027673185678407052,\\ &0.028184220084967508,\ 0.028070220400411242,\\ &0.027987971548901047, 0.028244967530021915),\\ r_1 = &0.651092871065974. \end{aligned}$$

由此得出

$$\begin{aligned} \bar{A}v_1 - r_1 v_1 = (&0,\ 6.93889 \times 10^{-18},\ -6.93889 \times 10^{-18},\\ &6.93889 \times 10^{-18},\ 3.46945 \times 10^{-18},\ 3.46945 \times 10^{-18}). \end{aligned}$$

这样, 尽管我们少做了 9 次迭代, 但结果反而更好一些.

也许有人会觉得迭代的次数 (31 次) 太多. 然而, 我们曾统计过 [6], 用一次反幂法所花的时间可做 100 次幂法. 我们曾使用幂法算过一个很简单的 8 阶三对角阵的最大特征对, 要求达到小数点后 6 位精度, 竟然使用了 1000 次迭代. 难怪我国一位计算数学的名家在他的名著里说过: 幂法几乎无用. 由此可见, 这里的特征向量抹平技术 (引理 11.2) 有用. 它貌似简单, 最早是文 [8] 提出来的, 但这里的答案却是 [2; 引理 16] 才找到的. 这大概是本书的一个特点, 证明过程比较简单, 只是不容易想到. 事实上, 本书的几大论题, 相信许多人都关心过, 只是我们尚未见到理论上深入可靠并接地气、可计算的解答. 愿本书能够抛砖引玉.

§11.3 重排序算法

记 P 的左特征向量为 $\mu = (\mu_i) = u \odot v$. 然后对 μ 的分量从大到小排序. 记此排序为 τ, 它是自然序 $(1, 2, \cdots, d)$ (无妨称之为产品序或原序) 的一个排列 $(\tau(1), \tau(2), \cdots, \tau(d))$ (它是产品等级所对应的产品号的一个排序). 这样, 如 $\tau(3) = 6$, 则表示等级为 3 的产品号为 6. 记

$(\mu\circ\tau)(i)=\mu(\tau(i)),\ i=1,2,\cdots,d$. 则序列 $\{\mu\circ\tau(i)\}_{i=1}^d$ 单调减 (凡相同者可视为不同并赋不同编号, 因此处只是对产品的等级排序). 此时当然是 1–1 映射. 于是有逆映射 τ^{-1}: 它是从产品号返回产品等级. 如, $\tau^{-1}(6)=3$ 表示产品号为 6 者, 其等级为 3.

下面, 我们从 P 出发, 定义变序后的转移概率矩阵. 为此, 类似于从 μ 到 $\mu\circ\tau$, 我们可定义换序后的转移概率矩阵

$$P^\tau=(P\circ\tau):\ (P\circ\tau)(i,j)=P(\tau(i),\,\tau(j)),\ \ i,j=1,2,\cdots,d. \tag{11.4}$$

即从 P 读出 P^τ. 如前面所述, 可从 $\mu=(\mu_1,\cdots,\mu_d)$ 读出:

$$\mu^\tau=\mu\circ\tau=(\mu_1^\tau,\cdots,\mu_d^\tau),\quad \mu_i^\tau=\mu\circ\tau(i),\quad i=1,2,\cdots,d. \tag{11.5}$$

这样,

$$P=P^\tau\circ\tau^{-1},\qquad \mu=\mu^\tau\circ\tau^{-1}. \tag{11.6}$$

特别地, 由 (11.5), 可从 P 迭代的初值 μ_0 读出用于 P^τ 迭代的初值 μ_0^τ. 然后由 (11.6) 得出

$$\mu_0P=(\mu_0^\tau\circ\tau^{-1})(P^\tau\circ\tau^{-1}).$$

由初值 μ_0 与 $\mu_0^\tau\circ\tau^{-1}$, 我们分别得到两组迭代解: $\{\mu_n\}_{n\geqslant 0}$ 是方程

$$\mu_{n-1}=\mu_nP \tag{11.7}$$

的迭代解; $\{\mu_n^\tau\circ\tau^{-1}\}_{n\geqslant 0}$ 是方程

$$\mu_{n-1}^\tau\circ\tau^{-1}=(\mu_n^\tau\circ\tau^{-1})(P^\tau\circ\tau^{-1}) \tag{11.8}$$

的迭代解.

再由 (11.6) 第一式知 (11.8) $\Leftrightarrow\{\mu_n^\tau\circ\tau^{-1}\}_{n\geqslant 0}$ 是方程

$$\mu_{n-1}^\tau\circ\tau^{-1}=(\mu_n^\tau\circ\tau^{-1})P \tag{11.9}$$

的迭代解.
最后, 由 (11.7), (11.9) 及迭代解的唯一性, 我们得出如下恒等式:

$$\mu_n^\tau \circ \tau^{-1} = \mu_n, \qquad n \geqslant 0. \tag{11.10}$$

当 $n=0$ 时, 便是 (11.6) 中的第二式. 这样, 对于固定的 n, 由 (11.10) 知, $\mu_n^\tau \circ \tau^{-1}$ 含一负分量当且仅当 μ_n 如此; 更进一步, 例如, 第一个分量 $\mu_n(1)$ 为负当且仅当 $\mu_n^\tau \circ \tau^{-1}(1)$ 为负, 后者等价于在产品等级为 $\tau^{-1}(1)$ 的产品处 μ_n^τ 的该分量取值为负. 换言之, 两个指标 "1" 和 "$\tau^{-1}(1)$" 分别为 "产品号" 和 "等级号", 乃同一产品的两种不同标记. 于是证得断言: P^τ 和 P 有相同的稳定性. 分别将 P^τ 和 P 换成 P_α^τ 与 P_α (P_α ($\alpha \in [0,1)$) 与 P 有相同的最大左特征向量 μ), 得出下述命题的末项断言: P_α^τ 与 P_α 拥有相同的稳定性. 现将所证结果陈述如下.

命题 11.3 使用 P_α^τ 和 P_α 的 n 步迭代满足恒等式 (11.10), 从而两种迭代法拥有相同的稳定性.

我们指出: 使用 P_α^τ 比使用 P_α 迭代的速度要快得多, 特别是当矩阵的阶 d 很大时更是如此. 因为前者的最大左特征向量单调下降但后者常有很大波动, 而稳定性的根基就是最大左特征向量. 排序 τ 的重要性还在于: 对于很大的 d, P 的左特征向量常含非常小的分量, 未必能在计算机上实现. 因此可忽略依 τ 排序很靠后的一些分量, 此方法在我们大矩阵特征对计算文 [6] 中用过.

容易核实, 若将上述排序 τ 换成其他排列, 论证依然适用. 事实上, 以上结论适用于原矩阵 A_α, $\alpha \in [0,1)$. 这是因为 P_α 是 A_α 的相似变换, 两者等谱, 而且已证两者拥有相同的稳定性.

注 11.4 在实际应用中, 只需由 (11.4) 算出 P^τ, 再由 (11.5) 算出它的最大左特征向量 μ^τ, 然后使用 P^τ 及 μ^τ 的近似值作为初值进行迭代, 无需再回到 P. 所以实际操作较易.

§11.4 若干论题评注

作为本书的结束，我们对若干论题做些评注，用以抛砖引玉，推动这一理论的进一步发展.

1. 关于不可约与带边界模型

全书的最本质假定应当是结构矩阵 A 的不可约性. 在经济学中，这相应于马克思在《资本论》中区分生产资料与消费资料两大部类的观点 (见 [23; 第一章 §4]). 在可约情形下，如 §6.1 节开头所指出：此时在数学上会出现问题. 所引用的华先生的两个简单例子已经说明：此时系统的平衡解可能不存在，也可能有无穷多个. 所以华氏经济优化理论的要点是将生产资料与消费资料分开处理 (后者是我们所称的"可消费 (向) 量"). 更进一步，在不可约的条件下，对实际应用模型 (即 $\alpha \in (0,1)$)，系统的平衡解也是唯一的稳定解，而且偏离平衡解时系统的非稳定 (即崩溃) 时间可通过计算预测. 反之，离开不可约性，就没有这些内容了.

下面引进不可约情形的一种自然延拓，即带边界模型. 在讨论经济优化时已看到，产品不仅有"产能不足"，也有"产能过剩". "产能不足"对应着经济系统需要有输入量，而"产能过剩"对应着经济系统需要有输出量. 对于经济优化模型，容易将上述输入、输出重新描述如下. 留意此时有原结构方阵 $A=(a_{ij})$ 和优化结构方阵 $\tilde{A}=\big(\tilde{a}_{ij}\big)$. 因我们讨论的是时齐情形，在每一步迭代，$\tilde{A}$ 保持不变. 我们知道，如 $a_{ij}>\tilde{a}_{ij}$，则原有的产能在这里过剩. 设 $\tilde{x}_1=\big(\tilde{x}_1^{(i)}: i=1,2,\ldots,d\big)$ 是使用 $\tilde{A}$ 的一步产出产综. 那么，向量

$$\tilde{x}_1(A-\tilde{A})^+=\left(\sum_{i=1}^d \tilde{x}_1^{(i)}\big(a_{ij}-\tilde{a}_{ij}\big)^+ : j=1,2,\ldots,d\right)$$

可用作纯消费量 (如出口)，这里 $(a-b)^+=\max\{a-b,0\}$. 平行地，如 $a_{ij}<\tilde{a}_{ij}$，则原有的产能在这里不足. 于是，向量

$$\tilde{x}_1(A-\tilde{A})^-=\left(\sum_{i=1}^d \tilde{x}_1^{(i)}\big(a_{ij}-\tilde{a}_{ij}\big)^- : j=1,2,\ldots,d\right)$$

可作为补充输入量(如进口), 这里 $(a-b)^- = (b-a)^+$. 现在, 我们可对原模型 $\tilde{A}$ 补上两个边界:

$$\text{输入边界：} x_{\text{in}} = \left(x_{\text{in}}^{(1)}, x_{\text{in}}^{(2)}, \ldots, x_{\text{in}}^{(d)}\right),$$
$$\text{输出边界：} x_{\text{out}} = \left(x_{\text{out}}^{(1)}, x_{\text{out}}^{(2)}, \ldots, x_{\text{out}}^{(d)}\right).$$

边界条件为:

$$\text{输入 } x_{\text{in}}^{(j)} \to \tilde{x}^{(j)} : \text{输入向量 } \tilde{x}_1(A-\tilde{A})^-,$$
$$\text{输出 } \tilde{x}^{(j)} \to x_{\text{out}}^{(j)} : \text{输出向量 } \tilde{x}_1(A-\tilde{A})^+.$$

此即是所求的 $\tilde{A}$ 的带边界模型. 依惯例, 输入、输出向量均含一正常数因子.

引理 11.5 假定 $\rho(A) \in (0,1)$, 则输入向量 $\tilde{x}_1(A_\alpha - \tilde{A}_\alpha)^-$ 和输出向量 $\tilde{x}_1(A_\alpha - \tilde{A}_\alpha)^+$ 关于消费参数 α 均非增.

证明 先证 $\tilde{x}_1$ 关于 α 非增. 回忆 $\tilde{A}_\alpha$ 的最大左特征对为 $(\rho(\tilde{A}_\alpha), \tilde{u})$, 最佳投入为 $\tilde{x}_0 = \tilde{u}$, 于是有

$$\tilde{x}_0\tilde{A}_\alpha = \rho(\tilde{A}_\alpha)\tilde{x}_0 \Longleftrightarrow \tilde{x}_0\rho(\tilde{A}_\alpha)^{-1} = \tilde{x}_0\tilde{A}_\alpha^{-1} = \tilde{x}_1.$$

由此得

$$\tilde{x}_n = \tilde{x}_0\,\rho(\tilde{A}_\alpha)^{-n}, \qquad n \geqslant 0.$$

由推论 10.3 知, $\rho(A_\alpha) = \rho(\tilde{A}_\alpha)$. 由 (2.3) 知,

$$\rho(A_\alpha) = (1-\alpha)\rho(A) + \alpha = \rho(A) + \alpha(1-\rho(A)).$$

由假设 $0 < \rho(A) < 1$, 立知 $\rho(A_\alpha)$ 关于 α 非减, 从而 $\rho(\tilde{A}_\alpha)$ 亦然. 所以 $\tilde{x}_1$ 关于 α 非增.

为证引理结论, 只需再证 $(A_\alpha - \tilde{A}_\alpha)^\pm$ 关于 α 非增. 令优化系数矩阵为 H, 使用矩阵的逐元运算, 首先有

$$A_\alpha - \tilde{A}_\alpha = (1-\alpha)(\mathbb{I} - H) \odot A,$$

其中 $\mathbb{I}$ 为元素为常值 1 的矩阵. 于是

$$(A_\alpha - \tilde{A}_\alpha)^\pm = (1-\alpha)(\mathbb{I} - H)^\pm \odot A$$

关于 α 非增. 由此及 $\tilde{x}_1$ 关于 α 非增, 立知

$$\tilde{x}_1(A_\alpha - \tilde{A}_\alpha)^\pm$$

亦然. □

引理 11.5 的结果符合实际. 随着消费参数 α 的增加, 可用消费量 $\xi_n(\alpha)$ 随之增加, 用于再生产的量减少, 从而可用于出口的量自然会减少. 同时, 用于下一年进口的产综也会减少.

例 11.6 以 2000 年中国 17 产品模型为例. 原结构矩阵 A 见表 3.1. A 对应的转移概率矩阵 P 的最大左特征向量 μ 见 (1.1). 将 μ 的 17 个分量按从大到小的顺序重新排列, 得到新平衡解. 新平衡解对应的新结构矩阵为 A^τ. 从命题 §11.3 已经看到, 重排序不会影响稳定性. 由此不难想象, 重排序也不会影响输入输出量. 事实上, 使用 τ 的逆变换可回到原结构矩阵 A. 因此, 以下略去 A^τ 的排序的上标 τ 不写.

在带消费情形下, 结构矩阵为 A_α. 不失一般性, 取定 $\alpha = 2/3$, 优化目标产综是分别将排名末位和最后 5 位的产品调整为原来的 1.1 倍. 预定的目标平衡解对应的优化结构矩阵为 $\tilde{A}_\alpha$, 令 $\tilde{x}_0$ 为 $\tilde{A}_\alpha$ 的新平衡解, 使用 $\tilde{A}_\alpha$ 的一步产综为 $\tilde{x}_1$.

(1) 对排名末位的 17 号产品进行优化, 计算结果如下.

向量 $\boldsymbol{w}$:

(i) 末位元素为 1.1;

(ii) 其他元素均为 1.

矩阵 $\boldsymbol{H = (w^{-1} \otimes w)}$:

(i) 除末位元素之外, 末行均为 10/11;

(ii) 除末位元素之外, 末列均为 11/10;

(iii) 其他元素均为 1.

矩阵 $(\boldsymbol{A}_\alpha - \tilde{\boldsymbol{A}}_\alpha)^-$:

(i) 除末位元素之外, 末列均为正数;

(ii) 其他元素均为 0.

输入量

$$\tilde{x}_1(A_\alpha - \tilde{A}_\alpha)^- = (0, 0, 0, 0, 0, 0, 0, 0, 0, 0, 0, 0, 0, 0, 0, 0, 5.47 \times 10^{-4}).$$

上式表示等级序前 16 的产品的输入量均为 0. 末位产品有输入量, 可用于纯进口, 输入量与经济系统的进口量有密切的关系.

矩阵 $(\boldsymbol{A}_\alpha - \tilde{\boldsymbol{A}}_\alpha)^+$:

(i) 除末位元素之外, 末行均为正数;

(ii) 其他元素均为 0.

输出量

$$\begin{aligned}\tilde{x}_1(A_\alpha - \tilde{A}_\alpha)^+ = (&5.48 \times 10^{-5},\ 6.19 \times 10^{-5},\ 7.56 \times 10^{-6},\ 8.78 \times 10^{-6},\\ &4.83 \times 10^{-6},\ 1.78 \times 10^{-5},\ 9.82 \times 10^{-6},\ 4.24 \times 10^{-5},\\ &4.27 \times 10^{-5},\ 7.55 \times 10^{-5},\ 1.04 \times 10^{-5},\ 4.65 \times 10^{-5},\\ &6.23 \times 10^{-6},\ 4.63 \times 10^{-6},\ 1.36 \times 10^{-5},\ 2.51 \times 10^{-5},\ 0).\end{aligned}$$

上式表示等级序前 16 的产品均有输出量, 可用于纯出口, 输出量与经济系统的出口量有着密切关系, 即经济系统出口量的设置与输出量的前 16 个分量有关. 末位产品的输出量为 0.

(2) 对排名最后 5 位的产品进行优化, 计算结果如下.

向量 $\boldsymbol{w}$:

(i) 最后 5 个元素为 1.1;

(ii) 其他元素均为 1.

矩阵 $\boldsymbol{H} = (\boldsymbol{w}^{-1} \otimes \boldsymbol{w})$:

(i) 除最后 5 个元素之外, 最后 5 行均为 10/11;

(ii) 除最后 5 个元素之外, 最后 5 列均为 11/10;

(iii) 其他元素均是 1.

矩阵 $(\boldsymbol{A}_\alpha - \tilde{\boldsymbol{A}}_\alpha)^-$:

(i) 除最后 5 个元素之外, 最后 5 列均为正数;

(ii) 其他元素均为 0.

输入量

$$\tilde{x}_1(A_\alpha - \tilde{A}_\alpha)^- = (0,\ 0,\ 0,\ 0,\ 0,\ 0,\ 0,\ 0,\ 0,\ 0,\ 0,\ 0,\ 8.11\times10^{-4},\ 1.35\times10^{-3},\ 1.78\times10^{-3},\ 3.74\times10^{-4},\ 5.17\times10^{-4}).$$

上式表示等级序前 12 的产品的输入量均为 0. 最后 5 位的产品均有输入量, 可用于纯进口.

矩阵 $(\boldsymbol{A}_\alpha - \tilde{\boldsymbol{A}}_\alpha)^+$:

(i) 除最后 5 个元素之外, 最后 5 行均为正数;

(ii) 其他元素均为 0.

输出量

$$\tilde{x}_1(A_\alpha - \tilde{A}_\alpha)^+ = (3.28\times10^{-4},\ 2.80\times10^{-4},\ 2.19\times10^{-4},\ 5.00\times10^{-5},\ 1.28\times10^{-4},\ 1.94\times10^{-4},\ 1.50\times10^{-4},\ 3.52\times10^{-4},\ 3.07\times10^{-4},\ 3.36\times10^{-4},\ 1.04\times10^{-3},\ 3.51\times10^{-4},\ 0,\ 0,\ 0,\ 0,\ 0).$$

上式表示等级序前 12 的产品均有输出量, 可用于纯出口. 最后 5 位的产品的输出量为 0.

从此例可以看出, 被调整投入的产品 (被优化的产品) 在增加投入之后, 对应的输入量均为正, 而输出量均为 0. 没有被优化的产品则相反, 对应的输入量均为 0, 而输出量均为正. 优化目标产综可根据实际情况调整. 调整的幅度与输入输出量有紧密联系, 随着调整幅度的增加, 产品对应的输入输出量会相应增加. 说明经济系统的调整, 不是随心所欲的, 都会影响整体, 但总会达到一种平衡.

2. 可约大系统

也许这种大系统可以分解成若干个如本节第 1 条的不可约子系统之

并. 一般地, 每个地区、部门、大企业、大公司等都可构造出自己的经济结构矩阵, 综合起来得出大系统.

3. 计划消费 (向) 量

第九章讨论过计划消费量. 需要更深入的分析、优化与实践. 也许可参考 [23; 第三章, §2, §3] 的方法, 在可消费量的约束下优化.

4. 模型 (6.5) 是本书新理论的出发点

模型 (6.4) 源于 [23], 如序言所述, 它是经历了 37 年才唤醒的重要成果. 华先生以此替换之前所发表的系列报道, 包括收集在 [24] 中的经济优化论文. 模型 (6.5) 是 (6.4) 的修正和更新. 其要点是参数区间从 $(0,1)$ 换成 $(0,\infty)$.

5. 随机模型

由 [1, 7] 可以看出, 随机因素在经济优化理论中不可或缺. 只是因为目前的新模型, 随机模型的研究可简化很多. 建议以确定性模型为出发点, 考虑其随机摄动, 如能得出摄动区间概率的较精确估计当然很有用.

6. 程序化、机械化

使用新理论可计算的特点, 可尝试程序化和机械化, 对经济系统及时进行分析与调整.

7. 非常时期的模型

本书仅处理正常时期 (即经济处于增长状态), 没有触及非常时期. 在经历了几年灾情之后, 体会到后一情形值得认真研究.

8. 长期模型

为研究经济在较长时间的发展动态, 需要用到非时齐的结构矩阵, 估计会增加难度, 可参考 [11].

参考文献

[1] 陈木法 (1992). 经济最优化的随机模型. 应用概率统计, (I): 8(3): 289–294; (II): 8(4): 374–377.

[2] 陈木法 (2022). 华罗庚经济最优化理论的新进展. 应用概率统计, 38(2): 159–178.

[3] 陈彬, 陈木法, 谢颖超, 杨婷, 周勤 (2022). 经济系统的产品排序与结构优化. 应用概率统计, 38(4): 475–504.

[4] Chen, M.F. (2005). *Eigenvalues, Inequalities and Ergodic Theory.* Springer, London.

[5] Chen, M.F. (2018). *Hermitizable, isospectral complex matrices or differential operators.* Front. Math. China, 13(6): 1267–1311.

[6] Chen, M.F., Chen, R.R. (2022). *Top eigenpairs of large scale matrices.* CSIAM Trans. Appl. Math., 3(1): 1–25.

[7] Chen, M.F., Li, Y. (1994). *Stochastic model of economic optimization—collapse theorem.* J. Beijing Normal Univ., 30(2): 185–194.

[8] Chen, M.F., Li, Y.S. (2019). *Improved global algorithms for maximal eigenpair.* Front. Math. China, 14(6): 1077–1116.

[9] 陈木法, 毛永华编著 (2007). 随机过程导论. 北京: 高等教育出版社. 英译本: *Introduction to Stochastic Processes* (2021). Higher Edu. Press & World Sci., Singapore.

[10] 董礼华, 陈璋, 杨翠红主编 (2018). 2016 中国投入产出理论与实践. 北京: 中国统计出版社.

[11] 韩东, 胡锡健著 (2003). 经济和金融数学模型的理论与实践. 上海: 上海交通大学出版社.

[12] 胡发胜, 王明栋, 贾传亮 (2004). 直接消耗系数最优调整的研究. 山东大学学报 (理学版), 39(2): 47–49, 55.

[13] 华罗庚 (1984). “计划经济大范围最优化数学理论” 简介. 优选与管理科学, (00): 42–46.

[14] 华罗庚 (1984). 计划经济大范围最优化的数学理论——(I) 量综与消耗系数方阵. 科学通报, (12): 705–709.

[15] 华罗庚 (1984). 计划经济大范围最优化的数学理论——(II) 消耗系数; (III) 正特征矢量法的数学证明. 科学通报, (13): 769–772.

[16] 华罗庚 (1984). 计划经济大范围最优化数学理论——(IV) 数学模型 (矛盾论的运用); (V) 论调整; (VI) 生产能力的上限, 表格. 科学通报, (16): 961–965.

[17] 华罗庚 (1984). 计划经济大范围最优化的数学理论——(VII) 论价格. 科学通报, (18): 1089–1092.

[18] 华罗庚 (1984). 计划经济大范围最优化的数学理论——(VIII) 论 Brouwer 不动点定理. 科学通报, (21): 1281–1282.

[19] Hua, L.K. (1984). *On the mathematical theory of globally optimal planned economic systems*. Proc. Nati. Acad. Sci. USA, 81(20): 6549–6553.

[20] 华罗庚 (1985). 计划经济大范围最优化的数学理论——IX. 基本定理的证明. 科学通报, (1): 1–2.

[21] 华罗庚 (1985). 计划经济大范围最优化的数学理论——(X) 生产系统的危机. 科学通报, (9): 641–645.

[22] 华罗庚 (1985). 计划经济大范围最优化的数学理论——(XI) 历史回顾与小结. 科学通报, (24): 1841–1844.

[23] 华罗庚著 (1987). 计划经济大范围最优化数学理论. 北京: 中国财政经济出版社. 作者和题目同上 (新版), 陈木法, 石昊坤编, 北京: 北京师大出版社.

[24] 杨德庄主编 (2010), 华罗庚文集 应用数学卷 II. 北京: 科学出版社.

[25] 华罗庚, 华苏 (1985). 具有左右二正特征矢量的实方阵的研究. 数学通报, (8): 30–33.

[26] Meyer, C.D. (2000), *Matrix Analysis and Applied Linear Algebra*. SIAM, Philadephia, PA.

[27] 戎卫东, 杨大力, 戴力群 (1992). 华氏经济数学理论及其应用初探. 内蒙古大学学报 (哲学社会科学版), (2): 79–90.

[28] 戎卫东, 杨大力, 戴力群, 杨树林 (1993). 宏观经济分析的新工具——正特征矢量法. 中国管理科学, (1): 42–47.

[29] 徐大举, 尹金生, 李爱芹, 刘吉晓, 周玲丽 (2010). 直接消耗系数矩阵特征值的经济意义研究. 中国管理科学, 18(1): 33–38.

[30] 杨婷, 陈彬, 周勤 (2024). 华氏经济优化新理论的实证案例. 应用概率统计, 40(4): 663–683.

[31] 张宝军 (2012). 瓶颈产业视角下的中国经济均衡性研究. 生产力研究, (5): 10–11, 14.

[32] 国家统计局国民经济核算司编 (2009). 2007 年中国投入产出表. 北京: 中国统计出版社.

[33] 国家统计局国民经济核算司编 (2015). 2012 年中国投入产出表. 北京: 中国统计出版社.

[34] 国家统计局国民经济核算司编 (2019). 2017 年中国投入产出表. 北京: 中国统计出版社.

[35] 中国投入产出学会: 投入产出表 1990—2012. http://cioa.ruc.edu.cn/zlxz/trccb/index.htm, 2024-09-18.

[36] [英] R. 欧考纳, E. W. 亨利著 (英文版 1975, 译文版 1984). 投入产出分析及其应用. 夏绍玮, 赵纯均译. 北京: 清华大学出版社.

索　　引

图书在版编目（CIP）数据

华罗庚经济优化新理论与实证 / 陈木法等著 . -- 北京 : 北京师范大学出版社 , 2025. 1. -- ISBN 978-7-303-30369-4

Ⅰ. F224

中国国家版本馆 CIP 数据核字第 20251J5K70 号

HUALUOGENG JINGJI YOUHUA XINLILUN YU SHIZHENG

出版发行：北京师范大学出版社 https://www.bnupg.com
北京市西城区新街口外大街 12-3 号
邮政编码：100088

印　　刷：天津市宝文印务有限公司
经　　销：全国新华书店
开　　本：787 mm × 1092 mm　1/16
印　　张：11.25
字　　数：174 千字
版　　次：2025 年 1 月第 1 版
印　　次：2025 年 1 月第 1 次印刷
定　　价：46.00 元

策划编辑：范　林　马力敏　　责任编辑：马力敏
美术编辑：迟　鑫　　装帧设计：迟　鑫
责任校对：段立超　　责任印制：迟　鑫